Kerstin Klein

Unterrichtsmethoden klipp und klar

Praxishandbuch individuelles, gemeinsames und kooperatives Lernen

AOL verlag

Impressum

Unterrichtsmethoden klipp und klar

Kerstin Klein ist eine gestandene und erfahrene Realschullehrerin, die ihre Erfahrungen auch in der Lehrerfortbildung weitergibt. Ihr wichtigstes Ziel ist, Schüler durch eigenverantwortliches und selbstständiges Arbeiten zu guten Leistungen zu bringen.

2. Auflage 2016

Veritaskai 3 · 21079 Hamburg
Fon (040) 325083-060 · Fax (040) 325083-050 info@aol-verlag.de · www.aol-verlag.de

Redaktion: Kathrin Roth
Layout/Satz: Reemers Publishing Services GmbH, Krefeld
Coverfoto: ©Woodapple – fotolia.com

ISBN: 978-3-403-19984-7

Engagiert unterrichten. Natürlich lernen.

AOL verlag

Mein ganz herzlicher Dank gilt meinem Mann
für seine Unterstützung meiner Arbeit.

Inhalt

Vorwort

„Wenn der Wind des Wandels weht,
bauen die einen Mauern,
die anderen Windmühlen."

Chinesische Weisheit

Liebe Kolleginnen und Kollegen,

ich habe mich entschieden, Windmühlen zu bauen.
Als ich vor mehr als 10 Jahren mein erstes Methodenbuch geschrieben habe, war ich davon überzeugt, im Laufe meiner Tätigkeit ein schülernahes und fortschrittliches Konzept entwickelt zu haben.
Die Erkenntnisse der neueren Gehirnforschung, die für die Pädagogik von großer Bedeutung sind, haben mich aber nun veranlasst, mein Konzept im Sinne einer stärkeren Individualisierung noch einmal weiterzuentwickeln.
Das bedeutet für mich als „Lernbegleiter", dass ich zunächst – möglichst im Team mit Kollegen –, mehr Zeit brauche, um Materialien für Lernarrangements zu erstellen.
Doch wenn die Lernenden mit meiner Begleitung zunehmend in der Lage sind, sich individuell und kooperativ neue Kenntnisse anzueignen, ist die gemeinsame Arbeit **entspannter**, **störungsfreier** und **befriedigender**. Das Lernen wird nachhaltiger und erfolgreicher.
Die Zeit, die ich vorher eingebracht habe, gewinne ich zurück. Ich habe mehr Zeit, die Lernenden zu beobachten und Lerngespräche mit ihnen zu führen. Ich kann sie so begleiten, dass sie allmählich die Verantwortung für ihr eigenes Lernen übernehmen können. Gerade das werden sie für ihre Zukunft brauchen.

Die mir anvertrauten Lernenden müssen die Erfahrung machen, dass sie etwas können. Sie brauchen **Erfolge, die sie bestärken**, damit sie weiterhin **Freude am Lernen** haben. Das ist wichtig.
Dieses Buch kommt aus der Praxis und ist für die Praxis geschrieben. Nach mehr als 30 Jahren Erfahrung als Lehrerin gebe ich meine Erfahrungen auch in der Lehrerfortbildung weiter.
Die zum besseren Verständnis eingefügten Beispiele entstammen meinem eigenen Unterricht und sind deshalb weitgehend den von mir unterrichteten Fächern Deutsch, Ethik, Geschichte und Gemeinschaftskunde zuzuordnen. Die vorgestellten Methoden können aber auch auf andere Fächer übertragen werden.
Wenn Sie diese Anregungen umsetzen, sollten Sie bedenken, dass die Lernenden selbstständiges und kooperatives Arbeiten zuerst in kleinen Schritten trainieren müssen. Auch müssen Sie sich selbst vielleicht erst mit ihrer Rolle als Lernbegleiter vertraut machen.
Wir können den Lernenden mehr zutrauen, als wir oft denken – das ist meine Erfahrung. Für das, was sie selbst in die Hand nehmen können, fühlen sie sich eher verantwortlich und das ist für uns Lernbegleiter eine große Entlastung.
Ich wünsche Ihnen Erfolg und Freude bei Ihrer Tätigkeit!

Kerstin Klein

Einleitung

Die Kapitel dieses Buches führen durch die verschiedenen **Phasen eines Lernprozesses.** Diese werden immer wieder von Neuem durchlaufen, manche während eines Prozesses auch mehrmals.

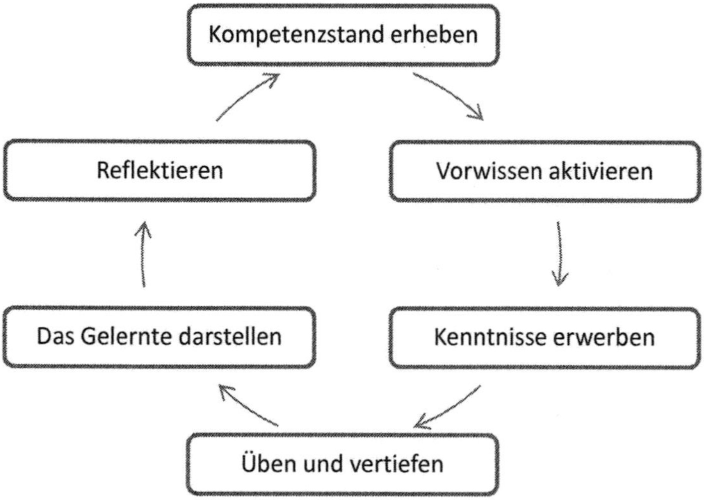

Die vorgestellten Methoden und Arbeitstechniken sollen die Lernenden befähigen, **ihr Lernen selbst in die Hand zu nehmen**. Diese Methoden sollen nicht nur vom Lernbegleiter eingesetzt werden. Sie sollen darüber hinaus den Lernenden ermöglichen, sie zuerst mit der Unterstützung durch den Lernbegleiter und in weiteren Schritten zunehmend eigenständig für ihr Lernen zu nutzen.

Im Folgenden werden für das Lernen wichtige **Erkenntnisse der Gehirnforschung** und die darauf basierenden **Prinzipien des kooperativen Lernens** kurz zusammengefasst vorgestellt, weil sie für die in diesem Buch vorgestellten Methoden von grundlegender Bedeutung sind.

Erkenntnisse der Gehirnforschung

Individuelle Lernbiografie

Nicht alle Kinder in einer Klasse können zur gleichen Zeit das Gleiche lernen, denn jedes hat seine individuelle Lernbiografie und konstruiert sich seine Wirklichkeit auf seine eigene Art. Deshalb brauchen Lernende offenere Lernformen und offenere Lernumgebungen. Nur so kann ihr **Lernen als subjektiver Vorgang** stattfinden und gelingen, denn jeder entwickelt seine individuelle Wirklichkeit durch aktive Betätigung und möglichst unterschiedliche Erfahrungen.

„Erkenntnisse der Neurowissenschaften haben in den letzten 10 Jahren unser Wissen über Lernvorgänge enorm bereichert. Annahmen der Reformpädagogik („Hilf mir, es selbst zu tun!"), die bis dahin auf Anschauung und Erfahrung gegründet waren, konnten aufgrund bildgebender Verfahren wissenschaftlich belegt werden." [1]

Aufgrund dieser Erkenntnisse hat in vielen Schulen bereits ein Umdenken stattgefunden. Die Lernumgebung wird so gestaltet, dass die Bedürfnisse der Lernenden im Vordergrund stehen. Das erfordert andere Organisationsformen und eine andere Rhythmisierung, nämlich einen Wechsel zwischen praktischem und kognitivem Lernen.

Ebenso gibt es Phasen für individuelles und für kooperatives Lernen, die von den Lernenden zum Teil eigenständig gestaltet werden, z.B. durch die Arbeit mit Wochenplänen und Kompetenzrastern. Die Lernbegleiter setzen verstärkt **offene Unterrichtsformen** ein und ermöglichen den Lernenden durch die Bereitstellung von Lernarrangements **zunehmend selbstständiges Lernen und Arbeiten.**

Die Lernenden bekommen einen Überblick über das, was sie lernen können, z.B. in Form eines Kompetenzrasters. Sie lernen, sich mithilfe des Lernbegleiters selbst einzuschätzen („Ich kann …") und sich realistische Ziele für ihre weitere Arbeit zu setzen. Sie sehen, dass sie ihre selbst gesteckten Ziele erreichen und etwas leisten können. Sie erleben sich als erfolgreich und selbstwirksam. Die damit verbundene Dopaminausschüttung macht **Lust auf mehr Lernen.**

1 Brüser-Sommer: Hirnfreundlich lernen, S. 4

Einige Schulen haben eine gemeinsame Plattform, über die man sich über ihre Konzepte informieren kann.[2]

Lernen durch Tun

„Erkläre mir und ich vergesse es,
Zeige es mir und ich erinnere mich,
Lass es mich tun und ich behalte es.“ Konfuzius, um 500 v. Chr.

Es genügt nicht, wenn Lernende nur zuhören oder zusehen können. Sie müssen handeln und möglichst selbst gesetzte Ziele verfolgen. Ein hoher Grad an **Selbstorganisation** fördert die Konstruktion von eigenen Denkstrukturen (Konstruktivismus), die Selbstwirksamkeits- und Könnenserfahrung.
Das bedeutet eine Veränderung der Lehrerrolle: Die Aktivität geht vom Lehrer auf die Lernenden über. Der Lehrer ermöglicht und begleitet Lernprozesse. Deshalb wird in diesem Buch der klassische **Lehrer zum Lernbegleiter**.

Beziehung

Lernende brauchen **stabile positive Beziehungen**, die ihnen Sicherheit geben. Dann sind sie auch in der Lage, sich etwas zuzutrauen. Eine wichtige Voraussetzung ist, dass die Beziehung zwischen den Lernenden und dem Lernbegleiter von Achtung und Sympathie geprägt ist. Die Lernenden brauchen die soziale Eingebundenheit, das Gefühl der Zugehörigkeit und die Anteilnahme an ihrer Person. Eine **einfühlsame Begleitung** führt dazu, dass die Lernenden ihre Möglichkeiten und Fähigkeiten erkennen. Sie machen die Erfahrung, dass sie selbst wichtig und bedeutsam sind. Die Wertschätzung ihrer Person führt zu Spaß am Gelingen und an der Leistung und ermöglicht ihnen so besseres und leichteres Lernen.
„Wer Kinder zu kompetenten, starken und selbstbewussten Persönlichkeiten erziehen will, muss in Beziehungen denken und in Beziehungsfähigkeit investieren. Das ist das Geheimnis einer Schulkultur, bei der **niemand als Verlierer zurückgelassen** wird.“ [3]

2 www.blickueberdenzaun.de
3 Hüther: Wie funktioniert das Lernen im Kopf?, S. 40

Vernetzung

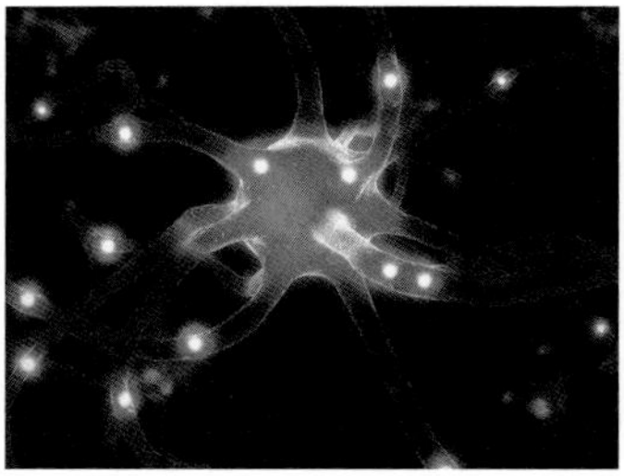

Erfolgreiches Lernen kann stattfinden, wenn die Lernenden neue Inhalte mit bereits Bekanntem verknüpfen können. Je mehr **Vorwissen** sie also haben, desto einfacher ist es für sie, daran sozusagen „anzudocken". So können sich die im Gehirn bereits existierenden Vernetzungen erweitern; das Wissen wird nachhaltiger gespeichert.
Für den weiteren Wissenserwerb bringt die **Vernetzung** mehr als die Motivation oder die Intelligenz. Hier gilt das sogenannte Matthäus-Prinzip: „Wer hat, dem wird gegeben." Wer also schon viel weiß, lernt leichter dazu.
Wenn neue Inhalte sogar mit bereits behandelten Themen verbunden werden können, werden diese durch das erneute Aufrufen noch besser und längerfristiger abgespeichert.

Struktur

„Lernen ohne Struktur geht nicht." [4] Nur wenn die Lernenden sich in einem neuen Themengebiet orientieren können, können sie einzelne Fakten richtig einordnen und damit auch dauerhaft speichern. Einzelheiten bekommen nur im Zusammenhang einen Sinn. Eine **gut strukturierte Übersicht über ein neues Themengebiet** wird von vielen Lernbegleitern in ihrer Bedeutung immer mehr berücksichtigt und in verschiedenen Formen aufgezeigt.
Hilfreich für die Lernenden sind z.B. **Lernlandkarten** oder **chronologische Darstellungsformen**. Sie visualisieren anschaulich mögliche Teilthemen, Schwerpunkte und Verbindungen zwischen den einzelnen Themen. Damit können die Lernenden sofort sehen, an welcher Stelle sie sich im neuen Thema gerade befinden und was sie weiterhin erarbeiten können. Die Übersicht über ein neues Themengebiet wird in der Regel zu Beginn vom Lernbegleiter vorgestellt. In einem weiteren Schritt kann er die Lernenden dazu anleiten, selbst ein Thema zu strukturieren, denn die Art der Organisation ist individuell. So ist für den einen die Mindmap die passendste Strukturierungshilfe, andere bevorzugen Grafiken, bei denen sie z.B. Bilder und Texte mit Pfeilen verbinden.

4 Beck: Neurodidaktik, S. 6

Übung

Je stärker die Lernenden ihre neuronalen Bahnen nutzen können, desto nachhaltiger können sie das erworbene Wissen speichern. Wie schon ein altbekanntes Sprichwort sagt: „Übung macht den Meister."
Neu erworbene Kenntnisse müssen sie immer wieder „lernen" und das Begriffene immer wieder anwenden, d.h. sie müssen es immer wieder in den Aufmerksamkeitshorizont bringen. **Wiederholtes Anwenden** führt zum Können und zur besseren Verankerung im Gedächtnis.

Relevanz

Das Gehirn wählt aus, ob etwas bedeutsam ist, denn nur das wird gelernt. Die Lernenden entwickeln Motivation für ein Thema, wenn sie einen **Bezug zu ihrer eigenen Lebenswelt** herstellen können. „Inhalte, bei denen die Schüler einen persönlichen Bezug, ein eigenes Interesse oder eine Alltagsrelevanz erkennen können, werden tiefer verarbeitet als allgemeine Inhalte und solche ohne subjektive Bedeutung."[5]
Beispiele aus dem Umfeld und dem Alltag der Lernenden können dazu beitragen, dass ein Thema für sie relevant wird. Das kann durch die Arbeit in Kleingruppen, die einen Austausch unterschiedlicher Erfahrungen und gegenseitiger Erklärungen ermöglicht, zusätzlich unterstützt werden.

Emotionen

Lange unterschätzt wurde die Bedeutung von Emotionen beim Lernen. Doch Inhalte, die mit positiven Emotionen verbunden sind, werden leichter gespeichert und aktivieren „das sogenannte Belohnungssystem im Gehirn"[6].
Es wirkt sich vorteilhaft auf den Lernerfolg aus, wenn es dem Lernbegleiter gelingt, **emotionale und erlebnisreiche Lernsituationen** für die Lernenden zu schaffen, z.B. durch sein ansteckendes Engagement, seine **Begeisterung für ein Thema,** durch interessante Beispiele. Emotionale und erlebnisreiche Lernsituationen fördern ein schnelleres, besseres und nachhaltigeres Speichern des Gelernten. „Was nicht ‚unter die Haut' geht, kann auch nicht im Gehirn verankert werden."[7]

5 Brandl/Markowitsch: Lernen und Gedächtnis, S. 73 f.
6 Brandl/Markowitsch: Lernen und Gedächtnis, S. 74
7 Hüther: Wie funktioniert das Lernen im Kopf, S. 40

Lernen funktioniert außerdem bei guter Laune besonders gut. Je attraktiver die Lernsituation für die Lernenden ist, desto besser funktioniert das Gehirn. **Lernfreude** ist Bedingung und Folge gelingenden Lernens. Positive Emotionen ermöglichen kreative Lernprozesse. Eine besondere Rolle kommt hier der Erlebnispädagogik zu, die positive Erfahrungen ermöglicht und die Lernenden damit in dem Gefühl bestärkt, selbst etwas geleistet zu haben.

Zugangskanäle

Es gibt nicht nur unterschiedliche Lernbegabungen, sondern auch **unterschiedliche bevorzugte Zugangskanäle**. Der eine nimmt neues Wissen über das Zuhören auf, der andere muss etwas gesehen haben oder darüber sprechen können.

Auch wenn ein Lernbegleiter nicht die bevorzugten Zugangskanäle der einzelnen Lernenden kennt, kann er die verschiedenen Kanäle berücksichtigen, vor allem **die visuellen, die auditiven und die kinästhetischen.**[8]

Der Einsatz von Medien, die unterschiedliche Zugänge ermöglichen, ist eine weitere Hilfe für Lernende, neues Wissen aufzunehmen. Je mehr Erfahrung sie durch aktives Tun erwerben können, desto nachhaltiger können sie neues Wissen verankern.

8 Grinder: NLP für Lehrer, S. 27 ff.

Kooperatives Lernen

Wichtige Erkenntnisse der Gehirnforschung kommen auch beim kooperativen Lernen zum Tragen. Es spielt in sämtlichen Phasen des Lernprozesses eine wichtige Rolle, vor allem beim Erwerb von neuen Kenntnissen.
Das kooperative Lernen als grundlegendes Prinzip hat inzwischen in vielen Schulen Einzug gehalten.

Forschungsergebnisse

Bereits seit Ende des 19. Jahrhunderts wurden in den USA, England und Deutschland Untersuchungen zum kooperativen Lernen durchgeführt. 1949 entwickelte Morton Deutsch die Theorie der sozialen Interdependenz. Weitere Untersuchungen folgten und damit stellte sich heraus, dass kooperatives Lernen „in jeder Altersstufe, in jedem Fach und bei jeder Aufgabe eingesetzt werden kann".[9]
Kooperation, so die Untersuchungsergebnisse, fördert die **Entwicklung von Denk- und Problemlösefähigkeit**. Lernende, die sich gegenseitig etwas beibringen, entwickeln eine höhere Kommunikationskompetenz. Kooperation steigert die Aktivität der Lernenden, den Leistungswillen und das Selbstwertgefühl, führt zu positiven zwischenmenschlichen Beziehungen und zu psychischem Wohlbefinden.
Auf die zahlreichen positiven Forschungsergebnisse zum kooperativen Lernen bezogen sich David W. und Roger T. Johnson, die schon in den 70er Jahren erste Veröffentlichungen dazu vorstellten[10]. Weiterentwickelt wurde das kooperative Lernen u.a. von Susan Finney[11] und Norm und Kathy Green[12].

9 Johnson u.a.: Kooperatives Lernen, S. 89
10 Vgl. Johnson u.a.: Cooperation in the classroom, 2002
11 Vgl. Finney: Together I can, 1991
12 Vgl. Green: Kooperatives Lernen, 2005

Die folgende Grafik gibt einen Überblick über die Grundelemente des kooperativen Lernens:

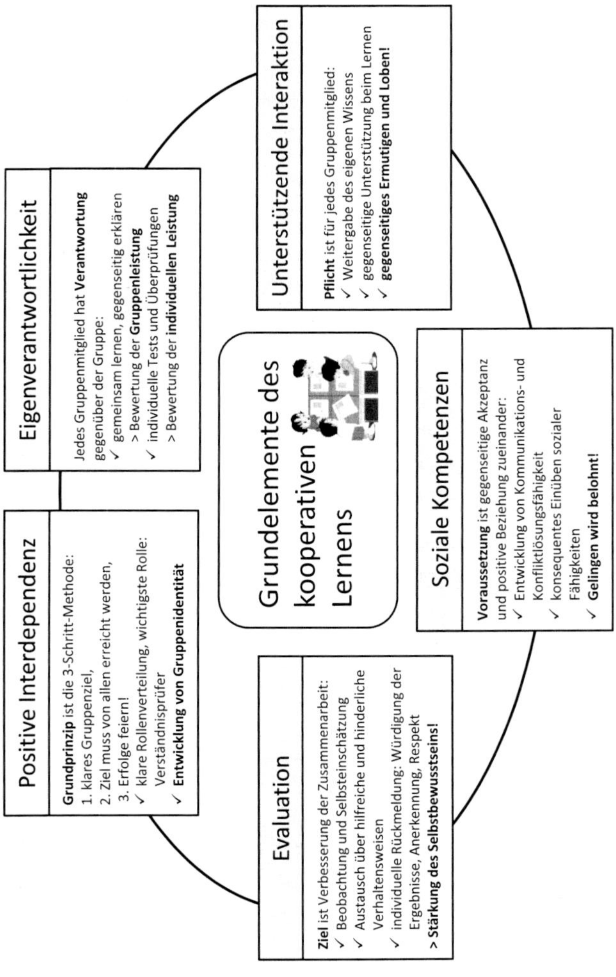

Kooperative Gruppen

Zu den Grundelementen kommt ein wichtiges **Grundprizip** für die Arbeit in kooperativen Gruppen hinzu: **Think – Pair – Share,** von Brüning und Saum übersetzt mit „Denken – Austauschen – Vorstellen".[13]

13 Brüning/Saum: Individuelle Förderung, S. 83–91

Think: Erst überlegt jeder für sich allein, damit kein wichtiger Gedanke verloren geht.

Pair: Dann sucht er sich einen Partner zum Austausch; hat also nur einen Ansprechpartner, kann sich so intensiv einbringen und damit Sicherheit gewinnen.

Anschließend können sich auch zwei Paare zusammenfinden, sich also noch in der Kleingruppe austauschen (auch **Square** genannt).

Share: Das Ergebnis wird im Plenum vorgestellt.
Variante: Nicht bei jedem Thema ist die Vorstellung im Plenum erforderlich, sondern es reicht der Austausch des Ergebnisses in der Kleingruppe, die dann gemeinsam weiterarbeiten kann.

Es hat sich bewährt, kooperative Gruppen **heterogen** zusammenzusetzen, z.B. in Bezug auf die Leistungsstärke, die Kombination Junge – Mädchen, die ethnische Zugehörigkeit, die Herkunftssprache und den Lernstil.
Wenn die Gruppen über eine **längere Zeit hinweg zusammenarbeiten**, z.B. ca. 6–8 Wochen, können die Gruppenmitglieder eine intensivere Beziehung und Vertrauen zueinander aufbauen. Gezielte Spiele und Übungen tragen dazu bei, dass ihr Zusammenwachsen gefördert wird. Wie lange die Phase der Zusammenarbeit dauert, sollte den Lernenden transparent gemacht werden, damit sie die Möglichkeit haben, voneinander Abschied zu nehmen, z.B. ein Teamfoto zu machen und sich gegenseitig Feedback zu geben.
Die Zusammenarbeit wird erleichtert, wenn die Gruppe sich klare **Regeln** gibt und deren Einhaltung überprüft (Regelwächter). Einige Vertreter des kooperativen Lernens halten es außerdem für wichtig, dass jedes Gruppenmitglied eine bestimmte **Rolle** übernimmt, die auch wechseln kann.

Beispiele:

Zeitmanager:

- achtet auf das Einhalten der Zeitvorgaben
- erinnert an die noch zur Verfügung stehende Zeit

Schriftführer:

- hält schriftlich fest, was besprochen wurde
- stellt die Arbeitsergebnisse vor

Regelwächter:

- ist dafür zuständig, dass Regeln formuliert werden
- achtet auf deren Einhaltung

Materialmanager:

- ist zuständig für die Arbeitsmaterialien, die in der Gruppe benötigt werden

Verständnisprüfer:

- vergewissert sich, dass jeder das, was in der Gruppe besprochen oder erarbeitet wurde, verstanden hat[14]

„Teamuhr“

Hilfreich für die Zusammenarbeit im Team ist es, wenn die Lernenden die einzelnen Teamphasen kennen und wissen, dass **Konflikte** in einem Team **etwas Normales** sind. Den Verlauf dieser Phasen kann man auch mit einer Uhr darstellen.

Elmar Philipp beschreibt die Phasen der Teamarbeit in seinem Buch „Teamentwicklung in der Schule“[15] mit den Begriffen „Forming“, „Storming“, „Norming“ und „Performing“. Für die Lernenden, vor allem für die jüngeren, kann man besser verständliche deutsche Formulierungen verwenden, z.B. „Eingewöhnungsphase“, „Konfliktphase“, „Orientierungsphase“ und „Kooperationsphase“.

14 Johnson u.a.: Kooperatives Lernen, S. 42

15 Philipp: Teamentwicklung, S. 29 ff.

Die Phasen werden auf **der Inhalts- und auf der Beziehungsebene** durchlaufen, wie aus der folgenden Übersicht hervorgeht:

a) Inhaltsebene

b) Beziehungsebene

Wichtig ist, dass die Lernenden wissen, dass jede dieser Phasen sich wiederholen und unterschiedlich lange dauern kann. Das gilt vor allem für die Konfliktphase.

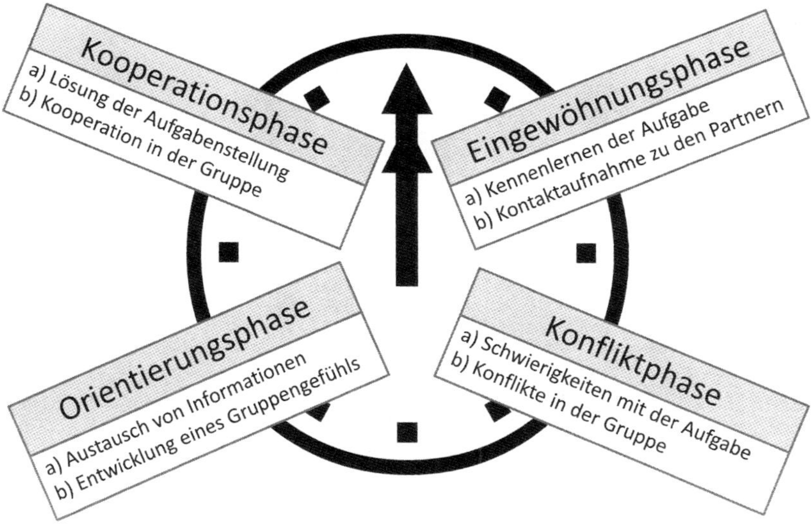

Die momentane Befindlichkeit der Lernenden kann der Lernbegleiter mit Uhrzeiten abfragen: Wie spät ist es gerade in eurem Team? Dadurch ermöglicht er den Lernenden das Einnehmen der Metaebene, was ihnen den Umgang mit Konflikten erleichtert.

Resümee für die Lernenden: Miteinander Ideen austauschen, sich gemeinsam Kenntnisse aneignen und das Gelernte darstellen, das Ergebnis und den Prozess miteinander reflektieren, all das führt bei den Lernenden zu dem positiven Gefühl, sich in die Gemeinschaft einbringen zu können, bedeutsam zu sein und etwas zu können.

Resümee für die Lernbegleiter: Die Lernenden lernen mit den neuen Erkenntnissen schneller, besser, leichter und nachhaltiger.

Kompetenzstand erheben

Wenn der Lernbegleiter weiß, was die Lernenden schon können, dann kann er sie entsprechend beraten und ihnen damit individuelle Förderung ermöglichen. Deshalb muss er zuerst einmal ihren Kompetenzstand erheben.
In den verschiedenen Fächern kann er diese Erhebung z.B. über diagnostische Tests und über die Diagnose- und Vergleichsarbeiten vornehmen. Zunehmend an Bedeutung gewinnt die Online-Diagnostik, die verschiedene Verlage für die Kernfächer anbieten, verbunden mit der Bereitstellung von individuell zusammengestelltem Fördermaterial für die Lernenden.
Einfache Tests können auch vom Lernbegleiter selbst erstellt werden, möglichst in Zusammenarbeit mit Kollegen. Informationen zum Kompetenzstand der Lernenden bieten auch die Ergebnisse von Klassenarbeiten, wenn bei der Auswertung festgehalten wird, was die Lernenden bereits können.
In diesem Buch geht es um den Erwerb von Methodenkompetenz verbunden mit Teamkompetenz, da die Lernenden bei vielen Methoden in kooperativen Formen arbeiten. Deshalb werden im Folgenden Anregungen gegeben, wie Lernbegleiter in beiden Bereichen den Kompetenzstand der Lernenden erheben können.

Dieses Kapitel umfasst Materialien zur Erhebung der Methoden- und der Teamkompetenz:

- Selbsteinschätzungsbogen für Lernende
- Stationen für einen Kompetenzparcours mit Beobachtungskriterien für Lernbegleiter
- Selbst- und Fremdeinschätzungsbogen für Lernende
- Kompetenzraster

Selbsteinschätzungsbogen

Wenn der Lernbegleiter sich einen ersten Eindruck von den Lernenden, die er neu übernommen hat, verschaffen möchte, kann er z.B. einen Selbsteinschätzungsbogen einsetzen.
Der Lernende kann in diesen Bogen eintragen, wie er seine Kompetenzen sieht. In einem Gespräch mit dem Lernbegleiter, zu dem er auch einen anderen Lernenden hinzuziehen kann, kann er seine eigene Einschätzung mit der des Lernbegleiters vergleichen und gegebenenfalls korrigieren.
Lernende, die noch nicht mit solchen Bogen gearbeitet haben, brauchen dazu die Unterstützung des Lernbegleiters.
Ein zu umfangreicher Bogen kann für die Lernenden eine Überforderung darstellen und dazu führen, dass sie ihn nicht ernsthaft genug ausfüllen. Es ist daher sinnvoll, dass bei einem ersten Durchgang die **Anzahl der Unterpunkte** zu den einzelnen Bereichen **auf maximal zehn beschränkt** wird, egal wie viele Bereiche man abfragen möchte. Es ist also wichtig, dass der Lernbegleiter Schwerpunkte setzt und sich vorher überlegt, auf welche Kompetenzen er besonderen Wert legt. Bei der Auswahl der Beispiele spielt auch das Alter der Lernenden eine Rolle.
Außerdem kann der Lernbegleiter bereits einbeziehen, welche Kompetenzen er in einem Parcours, den er vielleicht mit Kollegen zusammen entwickelt hat, überprüfen möchte.

Methodenkompetenz: Selbsteinschätzungsbogen

	Kompetenzstand feststellen	**kann ich sehr gut**	**kann ich gut**	**kann ich mäßig**	**kann ich nicht**
1.	Ich kann meine Fähigkeiten richtig einschätzen.				
2.	Ich kann mit einem Kompetenzraster arbeiten.				
3.	Ich kann mir Ziele setzen, die für mich erreichbar sind.				
4.	Ich kann überprüfen, ob ich meine Ziele erreicht habe.				

	Vorwissen aktivieren	kann ich sehr gut	kann ich gut	kann ich mäßig	kann ich nicht
5.	Ich kann mit dem Schreibgespräch meine Ideen zu einem Thema einbringen.				
6.	Ich kann mit der Placemat-Methode meine Ideen zu einem Thema einbringen.				
7.	Ich kann mit der Metaplan-Methode meine Ideen zu einem Thema einbringen.				
8.	Ich kann meine Ideen zu einem Thema in eine sinnvolle Ordnung bringen.				
	Kenntnisse erwerben	**kann ich sehr gut**	**kann ich gut**	**kann ich mäßig**	**kann ich nicht**
9.	Ich kann in einem Wochenplan aufschreiben, was ich in der Woche lernen möchte.				
10.	Ich kann am Ende der Woche meine Erfolge und Probleme notieren.				
11.	Ich kann mit der Lesemethode wichtige Informationen aus einem Text entnehmen.				
12.	Ich kann anderen wichtige Informationen aus einem Text erläutern.				
13.	Ich kann Bildern wichtige Informationen zu einem neuen Thema entnehmen.				
14.	Ich kann mir mithilfe der Lerntheke selbstständig neue Kenntnisse aneignen.				
15.	Ich kann mir mit dem Lerntempoduett mit einem Partner neue Kenntnisse aneignen.				
16.	Ich kann mir über das Gruppenpuzzle mit einer Gruppe neue Kenntnisse aneignen.				

	Üben und vertiefen	kann ich sehr gut	kann ich gut	kann ich mäßig	kann ich nicht
17.	Ich kann wichtige Punkte meiner neuen Kenntnisse in einer Concept-Map darstellen.				
18.	Ich kann zu den neuen Kenntnissen ein Spiel für andere Lernende entwickeln.				
19.	Ich kann zu den neuen Kenntnissen eine Lerngeschichte schreiben.				
	Das Gelernte darstellen	**kann ich sehr gut**	**kann ich gut**	**kann ich mäßig**	**kann ich nicht**
20.	Ich kann bei einem Vortrag laut und deutlich sprechen.				
21.	Ich kann mit Stichwortkarten einen Vortrag weitgehend frei halten.				
22.	Ich kann ein Plakat nach den vorgegebenen Regeln erstellen.				
23.	Ich kann eine Folie nach den vorgegebenen Regeln erstellen.				
24.	Ich kann eine PowerPoint-Präsentation unter Beachtung wichtiger Regeln erstellen.				
25.	Ich kann den Vortrag mit einem Partner als Dialog gestalten.				
26.	Ich kann im Team eine Präsentation unter Beachtung wichtiger Regeln gestalten.				
27.	Ich kann mir über eine geeignete Methode von den Teilnehmern Feedback einholen.				
	Reflektieren	**kann ich sehr gut**	**kann ich gut**	**kann ich mäßig**	**kann ich nicht**
28.	Ich kann zu einem Arbeitsprozess/zu einem Ergebnis Feedback geben.				
29.	Ich kann beschreiben, wie ich lerne, was ich gut kann und wo ich Probleme habe.				
30.	Ich kann nach vorgegebenen Kriterien selbstständig ein Lerntagebuch führen.				

Teamkompetenz: Selbsteinschätzungsbogen

	Teamarbeit organisieren	**kann ich sehr gut**	**kann ich gut**	**kann ich mäßig**	**kann ich nicht**
1.	Ich kann darauf achten, dass in der Gruppe verschiedene Begabungen vertreten sind.				
2.	Ich kann mit der Gruppe Regeln für die Zusammenarbeit erstellen.				
3.	Ich kann mich bei der Gruppenarbeit an die Regeln halten.				
4.	Ich kann in der Gruppe verschiedene Rollen übernehmen.				
5.	Ich kann mit der Gruppe einen umsetzbaren Arbeits- und Zeitplan erstellen.				
6.	Ich kann mit der Gruppe die Ziele für unsere Arbeit festlegen.				
	Kooperieren	**kann ich sehr gut**	**kann ich gut**	**kann ich mäßig**	**kann ich nicht**
7.	Ich kann meine Ideen und Kenntnisse einbringen und mit den anderen abstimmen.				
8.	Ich kann die Arbeit in der Gruppe voranbringen.				
9.	Ich kann demokratische Entscheidungen herbeiführen und mittragen.				
10.	Ich kann meine Aufgaben im Team zuverlässig und erfolgreich erledigen.				
	Kommunizieren	**kann ich sehr gut**	**kann ich gut**	**kann ich mäßig**	**kann ich nicht**
11.	Ich kann auf andere eingehen und sie ermutigen, ihre Beiträge einzubringen.				
12.	Ich kann mich an die Grundregeln der Diskussion halten.				
13.	Ich kann meinen eigenen Standpunkt vertreten.				
14.	Ich kann Konflikte ansprechen und nach Lösungen suchen.				

Kompetenzstand

	Reflektieren	kann ich sehr gut	kann ich gut	kann ich mäßig	kann ich nicht
15.	Ich kann die Regeln für ein gutes Feedback anwenden.				
16.	Ich kann angemessen auf Feedback reagieren.				
17.	Ich kann Bewertungskriterien für die Zusammenarbeit aufstellen.				
18.	Ich kann eine Selbst- und Fremdbewertung durchführen.				
19.	Ich kann die Bewertung mit der Gruppe reflektieren.				
20.	Ich kann die Erkenntnisse für weitere Vorhaben nutzen.				

Kompetenzparcours

Mithilfe eines Kompetenzparcours[16] mit verschiedenen Stationen können Lernbegleiter sich kundig machen, auf welchem Niveau die Lernenden sich befinden, z.B. wenn sie eine Klasse neu übernehmen oder eine Klasse neu gebildet wurde.
Der Parcours kann als **Methodenparcours, als Teamparcours oder als Kombination** von beiden gestaltet werden; auch fachliche Kompetenzen können auf diese Weise überprüft werden. Die Lernbegleiter entwickeln – am besten im Team mit Kollegen – Stationen, an denen die Lernenden die gewünschten Kompetenzen zeigen können.
Die Erstellung eines solchen Parcours und vor allem auch die Durchführung sind sehr aufwändig, aber es lohnt sich!
Bei der Vorbereitung und Durchführung eines Kompetenzparcours können die Lernbegleiter folgende Anregungen berücksichtigen:

- Sie unterteilen eine Klasse in **Zufallsgruppen** mit maximal 5 Lernenden. Das ergibt bei 25 Lernenden 5 bis 6 Gruppen.

16 Anregung nach einer Aufgabenstellung von Prof. Dr. Kathrin Höhmann

Bei 6 Gruppen sind **3 Lernbegleiter** von Vorteil, die jeder **mit 1 bis maximal 3 Schülern der Klasse 9 oder 10 ein Team** bilden.

- Vor der Beobachtung legen die Teams die **Beobachtungskriterien** fest. Deren Anzahl sollte auf **maximal fünf** begrenzt sein. Beim Thema „Vorwissen aktivieren: Ideen einbringen“ kann z.B. beobachtet werden, wie die Lernenden beim Zusammentragen der Ideen vorgehen, wie sie diese dann strukturieren, präsentieren und wie sie ihr Vorgehen reflektieren. Außerdem verständigen sich die Teams über das weitere Vorgehen und darüber, wie sie ihre Beobachtungen festhalten wollen.
- Jedes Team beobachtet anschließend 2 Gruppen von Lernenden an einer Station – beide Gruppen haben die gleichen Aufgaben. Jedes Team sollte für die beiden Gruppen möglichst einen eigenen Raum haben. Da die Beobachtung für die Teams eine verantwortungsvolle und anstrengende Aufgabe ist, sollten **an einem Tag nicht mehr als 2 Stationen** durchlaufen werden.
- Für die Durchführung jeder Station geben die Lernbegleiter eine feste **Zeitvorgabe**. Die Stationen sind so angelegt, dass die Lernenden ca. 30 Minuten für die Durchführung benötigen und noch einmal maximal 10 Minuten für die gemeinsame Reflexion in der Gruppe. Die Lernbegleiter benötigen also für jede Station pro Gruppe ca. eine Stunde.
- Die Arbeitsanweisung sollte nicht zu kleinschrittig formuliert sein. Vielmehr sollte sie den Lernenden möglichst viel **Spielraum** lassen, damit sie zeigen können, welche Kompetenzen sie bereits mitbringen.

Methodenkompetenz: Stationen

1. Vorwissen aktivieren: Ideen einbringen

Beschreibung:

Die Lernbegleiter wählen ein Thema aus, das dem Alter und der Interessenslage der Lernenden entspricht. Es sollten Themen sein, zu denen möglichst jeder etwas beitragen kann.

Die Lernenden tragen dazu tunlichst viele Ideen zusammen, strukturieren sie und stellen sie anschließend vor. Die Lernbegleiter stellen den Lernenden DIN-A4-Bogen, Stifte, Moderationskarten und Marker mit breiter Spitze zur Verfügung, die diese verwenden können.

Beispielthemen:
- Schuluniform – Pro und Kontra
- Jeden Tag eine Stunde Sport!
- Schullandheim – in den Bergen oder am Meer?
- Kein Sitzenbleiben mehr!

In der sich anschließenden Reflexionsphase tauschen sich die Lernenden darüber aus, wie zufrieden sie mit ihrem Ergebnis sind.

Anleitung für Lernende:

- Tragt zu dem vorgegebenen Thema möglichst viele Ideen zusammen und notiert sie.
- Überlegt euch nun, wie ihr eure Ideen am besten ordnen könnt.
- Stellt eure Ideen vor. Dabei soll jeder einen Teil übernehmen.
- Besprecht anschließend in der Gruppe, ob ihr mit eurem Ergebnis zufrieden seid. Begründet eure Meinung.

Vier mögliche Beobachtungskriterien:
- Er/Sie kann eine Methode anwenden, um Ideen zu sammeln.
- Er/Sie kann die Ideensammlung strukturieren.
- Er/Sie kann die Ideen vorstellen und erläutern.
- Er/Sie kann das Ergebnis reflektieren.

Materialien:
- ☐ DIN-A4-Bogen und Stifte
- ☐ Moderationskarten und Marker

2. Kenntnisse erwerben und das Gelernte darstellen

Beschreibung:

Die Lernbegleiter wählen einen Text aus, der anschaulich geschrieben ist und vom Thema und Schwierigkeitsgrad her dem Alter der Lernenden entspricht. Sie unterteilen ihn nach der Anzahl der Gruppenmitglieder in möglichst gleichmäßige Abschnitte.

Jedes Gruppenmitglied bekommt nur einen Abschnitt des Textes, d.h. keiner hat den gesamten Text vor sich. Die Lernbegleiter halten fest, wer welchen Teil bekommen hat. Dann stellt jedes Gruppenmitglied den anderen seinen Text vor. Zum Abschluss der vorgegebenen Zeit soll jeder den gesamten Text kurz zusammengefasst vorstellen können, und zwar mithilfe einer individuellen Visualisierung.
In der sich anschließenden Reflexionsphase tauschen die Lernenden sich aus, wie zufrieden sie mit ihrem Ergebnis sind.

Anleitung für Lernende:

- Jeder von euch hat nur einen Abschnitt des Textes. Bearbeitet ihn so, dass ihr ihn den anderen Gruppenmitgliedern vorstellen könnt, ohne dass diese den Text bekommen. Zum Abschluss der vorgegebenen Zeit soll jeder von euch den ganzen Text verstanden haben und wiedergeben können.
- Jeder überlegt sich eine Zeichnung, ein Symbol oder eine sonstige bildhafte Darstellung zu eurem Abschnitt und stellt damit den Text kurz zusammengefasst vor.
- Besprecht anschließend in der Gruppe, ob ihr mit eurem Ergebnis zufrieden seid. Begründet eure Meinung.

Vier mögliche Beobachtungskriterien:

- Er/Sie kann wichtige Informationen aus einem Text entnehmen.
- Er/Sie kann die Informationen den Gruppenmitgliedern erklären.
- Er/Sie kann eine passende Visualisierung gestalten und vorstellen.
- Er/Sie kann das Ergebnis reflektieren.

Materialien:

- ❑ Für jedes Gruppenmitglied ein Abschnitt eines anschaulich geschriebenen Textes
- ❑ DIN-A4-Bogen und Buntstifte/Wachsmalkreide oder Tafel und Kreide

3. Das Gelernte darstellen: Präsentieren mit einem Plakat

Beschreibung:
Die Lernbegleiter wählen einen Text aus, der anschaulich geschrieben ist und vom Thema und Schwierigkeitsgrad her dem Alter der Lernenden entspricht. Der Text sollte von den Gruppenmitgliedern in sinnvolle, etwa gleich umfangreiche Abschnitte entsprechend ihrer Anzahl aufgeteilt werden können.
Jedes Gruppenmitglied erhält ein Blatt mit dem gesamten Text und liest ihn durch. Anschließend teilen die Gruppenmitglieder den Text unter sich auf. Nach Absprache mit den anderen gestaltet jeder zu seinem Abschnitt einen Teil eines Plakats und präsentiert ihn.
In der sich anschließenden Reflexionsphase tauschen die Lernenden sich aus, wie zufrieden sie mit ihrem Ergebnis sind.

Anmerkung:
Diese Aufgabe kann auch für die Beobachtung von Teamkompetenz eingesetzt werden, weil die Lernenden sich absprechen und abstimmen müssen.

Anleitung für Lernende:

- Informiert euch über den Inhalt des Textes.
- Unterteilt den Text in sinnvolle Abschnitte. Jeder von euch übernimmt einen (möglichst gleich umfangreichen) Teil.
- Jeder gestaltet einen Teil des Plakats und stellt damit seinen Textabschnitt vor.
- Besprecht anschließend in der Gruppe, ob ihr mit eurem Ergebnis zufrieden seid. Begründet eure Meinung.

Vier mögliche Beobachtungskriterien:

- Er/Sie kann wichtige Informationen aus einem Text entnehmen.
- Er/Sie kann ein Plakat nach den vorgegebenen Regeln gestalten.
- Er/Sie kann beim Vortrag laut und deutlich sprechen.
- Er/Sie kann das Ergebnis reflektieren.

Materialien:

- ❑ Textblätter je nach Anzahl der Gruppenmitglieder
- ❑ 2 Papierbogen 70 x 50 cm oder 1 Bogen 100 x 70 cm
- ❑ Moderationskarten und Marker
- ❑ Schere und Kleber

Teamkompetenz: Stationen

1. „Unsere Traumschule"

Beschreibung:

Die Lernenden bekommen einen großen Papierbogen (z.B. Flipchartpapier 70 x 100 cm), der auf dem Tisch oder auf dem Boden ausgelegt wird. Außerdem benötigen sie Buntstifte oder Wachsmalkreide.
Sie haben die Aufgabe, ihre Traumschule zu zeichnen, ohne miteinander zu reden. Nach ca. 20 bis maximal 30 Minuten bekommen sie ein Signal. Nun verhandeln sie über einen passenden Namen für ihre Schule und schreiben das Ergebnis über ihr Bild.
In der sich anschließenden Reflexionsphase tauschen die Lernenden sich aus, wie zufrieden sie mit ihrem Ergebnis sind.

Anleitung für Lernende:

- Zeichnet, ohne miteinander zu reden, in der vorgegebenen Zeit eure Traumschule auf den Papierbogen.
- Beendet auf ein Zeichen eures Lernbegleiters das Zeichnen. Unterhaltet euch nun über den Namen der Schule und tragt ihn in eure Zeichnung ein.
- Besprecht anschließend in der Gruppe, ob ihr mit eurem Ergebnis und der Zusammenarbeit in der Gruppe zufrieden seid. Begründet eure Meinung.

Materialien:

- ❑ ein Papierbogen ca. 70 x 100 cm je Gruppe
- ❑ farbige Stifte oder Wachsmalkreide

2. Brückenbau

Beschreibung:

Die Lernenden bekommen die unten angegebenen Materialien. Sie haben die Aufgabe, daraus eine möglichst lange und stabile Brücke zu bauen, die zwei Tische verbindet und von einem kleinen Spielzeugauto, das ihnen gezeigt wird, überquert werden kann. Die Lernbegleiter geben die Zeit an, die ihnen dafür zur Verfügung steht.

In der sich anschließenden Reflexionsphase tauschen die Lernenden sich aus, wie zufrieden sie mit ihrem Ergebnis sind.

Anleitung für Lernende:

- Baut aus den Materialien, die ihr bekommen habt, gemeinsam eine möglichst lange und stabile Brücke. Sie soll zwei Tische verbinden. Das kleine Auto, das ihr vorher anschauen könnt, soll eure Brücke überqueren können.
- Eure Lernbegleiter geben die Zeit an, die euch zur Verfügung steht – ca. 30 Minuten.
- Besprecht anschließend in der Gruppe, ob ihr mit eurem Ergebnis und der Zusammenarbeit in der Gruppe zufrieden seid. Begründet eure Meinung.

Materialien:

- ❑ 12 Bogen DIN-A4-Papier pro Gruppe
- ❑ ein Klebestift
- ❑ eine Schere
- ❑ 20 Büroklammern
- ❑ ein Spielzeugauto

3. Spiel der Stummen

Beschreibung:
Für jede Gruppe wird ein großer Umschlag vorbereitet, der vier bis sechs kleinere Umschläge mit jeweils 3 Puzzleteilen und eine Spielanleitung enthält. Die Puzzleteile sind so auf die kleinen Umschläge verteilt, dass keiner daraus sofort ein passendes Quadrat zusammensetzen kann.
Jeder Gruppe wird ein Tisch zugeteilt, an dem sie ungestört arbeiten kann. Jeder Lernende soll ein Quadrat zusammensetzen, aber ohne dabei mit den anderen zu sprechen oder sich durch Zeichen zu verständigen.
Das unmittelbare Zusammensetzen ist mit den Teilen, die die Lernenden bekommen haben, nicht möglich. Deshalb können sie Teile, die sie nicht benötigen, in die Mitte legen. Teile aus der Mitte darf sich jeder nehmen, um damit sein Quadrat zu vervollständigen. Das Spiel ist beendet, wenn jedes Gruppenmitglied ein gleich großes Quadrat vor sich liegen hat.
Der Gruppensprecher, der von der Gruppe gewählt wird, bekommt vom Lernbegleiter einen großen Umschlag. Darin ist die folgende Spielanleitung enthalten, die er seiner Gruppe vorliest.

> Jeder bekommt gleich von mir einen Umschlag, den ihr auf ein Zeichen von mir alle gleichzeitig öffnet.
>
> **Achtung:** Ab jetzt dürft ihr kein Wort mehr miteinander sprechen! Ihr dürft euch auch nicht durch Zeichen verständigen!
> - Jeder versucht jetzt, ein gleich großes Quadrat zusammenzusetzen.
> - Keiner darf sich von anderen ein Teilstück holen oder andeuten, dass er eins benötigt.
> - Wer ein Teilstück abgeben will, muss es in die Mitte des Tisches legen. Die anderen dürfen nur diese Teile nehmen.
>
> Die Aufgabe ist beendet, wenn jeder ein vollständiges Quadrat vor sich liegen hat und alle Quadrate gleich groß sind.

In der sich anschließenden Reflexionsphase tauschen die Lernenden sich aus, wie zufrieden sie mit ihrem Ergebnis sind.

Anleitung für Lernende:

- Wählt einen Gruppensprecher, der die Aufgabe hat, euch die Spielanleitung vorzulesen, die ihr vom Lernbegleiter bekommt.
- Beachtet die Spielregeln.
- Wenn ihr fertig seid, besprecht ihr in der Gruppe, ob ihr mit eurem Ergebnis und der Zusammenarbeit in der Gruppe zufrieden seid. Begründet eure Meinung.

Anmerkungen:

Die optimale Gruppengröße für dieses Spiel sind 5 Lernende. Für 4 Lernende kann das unterste Quadrat auf der Übersicht weggelassen werden, dadurch wird das Spiel allerdings einfacher. Bei 6 Lernenden kann ein Quadrat doppelt vorhanden sein, egal welches.

Bei der Verteilung der Puzzleteile auf die kleinen Umschläge kann der Lernbegleiter das Spiel etwas komplizierter machen, indem er einen Umschlag so bestückt, dass ein Lernender damit ein (zu) kleines Quadrat direkt legen kann, und zwar mit einem mittleren und zwei kleinen Dreiecken. Es ist dann spannend zu beobachten, wie schnell dieser erkennt, dass so die Teamaufgabe nicht gelöst werden kann.

Für den Lernbegleiter ist es einfacher, wenn er Umschläge für verschiedene Gruppengrößen griffbereit hat und die Teile in jedem Umschlag eine andere Farbe haben, z.B. ein gelber Umschlag enthält alle Puzzleteile in Gelb, der grüne Umschlag alle Teile in Grün. So hat er einen besseren Überblick, ob die Teile in der richtigen Anzahl im richtigen Umschlag sind.

Materialien:

- ❑ pro Gruppe großer Umschlag, der je nach Gruppengröße, wie oben beschrieben, 4 bis 6 kleinere Umschläge mit den Puzzleteilen und der Anleitung enthält

Vier mögliche Beobachtungskriterien:

- Er/Sie kann die eigenen Ideen und Fähigkeiten einbringen.
- Er/Sie kann die Arbeit in der Gruppe voranbringen.
- Er/Sie kann auf andere eingehen.
- Er/Sie kann den Prozess und das Ergebnis reflektieren.

Die Kriterien können durch andere ersetzt werden, je nachdem, welches Ziel die Lernbegleiter mit der Aufgabe verfolgen. Weitere mögliche Kriterien können dem Selbsteinschätzungsbogen entnommen oder selbst ergänzt werden.

Selbst- und Fremdeinschätzungsbogen

Für die Reflexionsphase können die Lernenden die **Selbst- und Fremdeinschätzungsbogen** einsetzten, die dieselben Kriterien enthalten wie der Beobachtungsbogen der Lernbegleiter.
Zuerst schätzt jeder Lernende sich selbst und seine Gruppenmitglieder (Bogen A für jeden Lernenden) ein, anschließend wird in der Gruppe eine gemeinsame Bewertung vorgenommen und diskutiert (Bogen B nur einmal für die gesamte Gruppe).
Der **Vergleich der Ergebnisse** der Lernenden mit denen der Lernbegleiter kann höchst aufschlussreich sein. Er ist eine gute Grundlage für ein anschließendes Reflexionsgespräch und kann Anregungen für die weitere individuelle Förderung der Lernenden geben.

Methodenkompetenz: Selbst- und Fremdeinschätzung

Selbst- und Fremdeinschätzungsbogen zur Methodenkompetenz (A)

Schreibe zuerst deinen Namen in das Kästchen „Selbst" und daneben die Namen der anderen Teampartner. Trage dann ein, wie du dich selbst einschätzt („Selbst") und wie du deine Teampartner einschätzt („Fremd"). Vergeben kannst du zwischen 0 und 3 Punkten. 3 Punkte gibst du, wenn dein Teampartner etwas sehr gut kann, 0 Punkte, wenn er es nicht kann.

Vorwissen aktivieren: Ideen einbringen	**Namen der Teampartner:**			
	Selbst:	**Fremd:**	**Fremd:**	**Fremd:**
Er/Sie kann eine Methode anwenden, um Ideen zu sammeln.				
Er/Sie kann die Ideensammlung strukturieren.				
Er/Sie kann die Ideen vorstellen und erläutern.				
Er/Sie kann das Ergebnis reflektieren.				

Selbst- und Fremdeinschätzungsbogen zur Methodenkompetenz (B)

Setzt euch jetzt mit euren Teampartnern zusammen, denen ihr Punkte gegeben habt, und vergleicht zuerst die Einschätzungen, die jeder erhalten hat. Danach einigt ihr euch möglichst auf eine gemeinsame Punktzahl für jeden. Nehmt euch Zeit, die vielleicht unterschiedlichen Einschätzungen zu diskutieren und zu begründen, bevor ihr die endgültige Punktzahl festlegt.
In einem weiteren Schritt vergleicht ihr eure Selbsteinschätzung mit der Einschätzung, die ihr von euren Teampartnern erhalten habt. Versucht, Erklärungen zu finden, falls die Einschätzungen unterschiedlich sind.

Vorwissen aktivieren: Ideen einbringen	**Namen der Teampartner:**			
	1.	**2.**	**3.**	**4.**
Er/Sie kann eine Methode anwenden, um Ideen zu sammeln.				
Er/Sie kann die Ideensammlung strukturieren.				

Vorwissen aktivieren: Ideen einbringen	Namen der Teampartner:			
	1.	2.	3.	4.
Er/Sie kann die Ideen vorstellen und erläutern.				
Er/Sie kann das Ergebnis reflektieren.				

Teamkompetenz: Selbst- und Fremdeinschätzung

Selbst- und Fremdbeobachtungsbogen zur Teamkompetenz (A)

Schreibe zuerst deinen Namen in das Kästchen „Selbst“ und daneben die Namen der anderen Teampartner. Trage dann ein, wie du dich selbst einschätzt („Selbst“) und wie du deine Teampartner einschätzt („Fremd“). Vergeben kannst du zwischen 0 und 3 Punkten. 3 Punkte gibst du, wenn dein Teampartner etwas sehr gut kann, 0 Punkte, wenn er es nicht kann.

Teamaufgabe: ...	Namen der Teampartner:			
	Selbst:	Fremd:	Fremd:	Fremd:
Er/Sie kann ihre/seine Ideen und Fähigkeiten einbringen.				
Er/Sie kann die Arbeit in der Gruppe voranbringen.				
Er/Sie kann auf andere eingehen.				
Er/Sie kann den Prozess und das Ergebnis reflektieren.				

Selbst- und Fremdbeobachtungsbogen zur Teamkompetenz (B)

Setzt euch jetzt mit euren Teampartnern zusammen, denen ihr Punkte gegeben habt, und vergleicht zuerst die Einschätzungen, die jeder erhalten hat. Danach einigt ihr euch möglichst auf eine gemeinsame Punktzahl für jeden. Nehmt euch Zeit, die vielleicht unterschiedlichen Einschätzungen zu diskutieren und zu begründen, bevor ihr die endgültige Punktzahl festlegt.
In einem weiteren Schritt vergleicht ihr eure Selbsteinschätzung mit der Einschätzung, die ihr von euren Teampartnern erhalten habt. Versucht, Erklärungen zu finden, falls die Einschätzungen unterschiedlich sind.

Teamaufgabe: ...	Namen der Teampartner:			
	1.	2.	3.	4.
Er/Sie kann ihre/seine Ideen und Fähigkeiten einbringen.				
Er/Sie kann die Arbeit in der Gruppe voranbringen.				
Er/Sie kann auf andere eingehen.				
Er/Sie kann den Prozess und das Ergebnis reflektieren.				

Kompetenzraster

Kompetenzraster wurden auf der Grundlage des Gemeinsamen Europäischen Referenzrahmens für Sprachen (GER) entwickelt und von einigen Schulen für den Bereich der Sprachen übernommen. Vom Institut Beatenberg[17] in der Schweiz wurden außerdem die ersten Raster für andere Fächer nach den Vorgaben der Bildungspläne erstellt.
Diese Raster geben einen Überblick über die Niveaustufen von A1 bis C2,[18] ausgehend **von einfachen Grundkenntnissen bis zu komplexen Fähigkeitsstufen**. Die Niveaustufen können den verschiedenen Schulabschlüssen zugeordnet werden.
Die Raster, die in den letzten Jahren entwickelt wurden, umfassen eher einen kürzeren und damit für die Lernenden leichter zu überschauenden Zeitraum. Ein Beispiel dafür sind die Raster der Hebelschule in Schliengen für die Klassen 5/6 mit den Lernfortschrittsstufen LF 1 bis 6 sowie für die Klassen 7 bis 9, die mit LF 7 weitergeführt werden.[19]
Kompetenzraster sind in Form einer Matrix meist nach einem einheitlichen Schema aufgebaut. In der Vertikalen stehen die Kompetenzen und Inhalte des Fachgebietes, die sich an den Bildungsplänen orientieren, in der Horizontalen die Niveaustufen.

17 www.institut-beatenberg.ch/images/pdf/kompetenzraster/kompetenzraster.pdf
18 www.goethe.de/z/50/commeuro/303.htm
19 Landesinstitut für Schulentwicklung: Kompetenzraster, S. 34 ff.

Die Kompetenzraster sind **aus der Perspektive der Lernenden** formuliert: „Ich kann …“ Diese Formulierung zeigt eine veränderte Sicht auf die Fähigkeiten der Lernenden. Der Fokus ist darauf gerichtet, was der Lernende schon kann. Das erfordert für viele Lehrende und auch Lernende eine Neuorientierung.

Von Grundkenntnissen bis zu komplexen Fähigkeitsstufen						
	A1	**A2**	**B1**	**B2**	**C1**	**C2**
Inhaltliche Kriterien des Fachgebietes			**Ich kann ...**			

Andreas Müller, der Leiter des Instituts Beatenberg, vergleicht die Kompetenzraster mit einem Adventskalender. Hinter jedem „Türchen“ verbirgt sich eine sogenannte Lernlandschaft mit Checklisten, Aufgaben und vielfältigen Materialien. Sie sind für die Lernenden so aufbereitet, dass diese sie selbstständig bearbeiten können, um die entsprechende Kompetenz zu erreichen. So bekommen sie einen Überblick darüber, was sie können müssen, um eine höhere Stufe zu erreichen. **Jedem folgenden Kapitel dieses Buches ist der zugehörige Ausschnitt aus dem Kompetenzraster zur Methodenkompetenz vorangestellt, um zu verdeutlichen, welche Kompetenzen die Lernenden in diesem Bereich erwerben können.**

Es bietet sich an, bei den Lernenden nicht das gesamte Raster einzusetzen, sondern Schwerpunkte zu setzen und je nach Bedarf weitere Ausschnitte zu ergänzen.

Methodenkompetenz

	Kompetenzen	Stufe A	Stufe B	Stufe C
Kompetenzstand erheben	Sich selbst einschätzen	Ich kann einschätzen, was ich schon kann und wie gut ich das kann, wenn ich dabei Hilfe bekomme, z.B. durch ein Gespräch mit meinem Lernbegleiter oder einen *Selbsteinschätzungsbogen*.	Ich kann mich im *Kompetenzraster* orientieren, wenn ich dabei beraten werde. Ich kann markieren, wo ich stehe und was ich als Nächstes erreichen möchte.	Ich kann mich im *Kompetenzraster* richtig einschätzen. Ich kann mir Ziele setzen und daran arbeiten, sie zu verwirklichen. In einem Gespräch mit meinem Lernbegleiter kann ich überprüfen, ob ich sie erreicht habe.
Vorwissen aktivieren	Brainstormingmethoden einsetzen	Ich kann mit einer Brainstorming-Methode meine Ideen und Erfahrungen zu einem neuen Thema einbringen, z.B. mit dem *Schreibgespräch*.	Ich kann mit einer passenden Brainstorming-Methode meine Ideen und Erfahrungen zu einem neuen Thema einbringen und mich in der Gruppe darüber austauschen, z.B. mit *Placemats*.	Ich kann die *Metaplan-Methode* für das Brainstorming einsetzen. Ich kann nach dem Austausch in der Gruppe wichtige Gedanken auf Karten schreiben und im Plenum vorstellen.
	Strukturen entwickeln	Ich kann meine Ideen und Erfahrungen zu einem Thema in eine sinnvolle Ordnung bringen.	Ich kann meine Ideen und Erfahrungen zu einem Thema strukturieren, z.B. in Form einer *Mindmap*.	Ich kann meine Ideen und Erfahrungen zu einem Thema notieren. Ich kann nach dem Austausch mit anderen weitere Ideen ergänzen und eine sinnvolle Struktur entwickeln.
Kenntnisse erwerben	Planungsinstrumente anwenden	Ich kann einen *Tagesplan* erstellen, in den ich eintrage, was ich lernen möchte und was ich dazu bearbeiten werde. Ich notiere am Ende des Tages, wie erfolgreich ich war.	Ich kann mit Anleitung einen *Wochenplan* erstellen. Ich schreibe auf, welche Ziele ich habe und wie ich sie erreichen möchte. Ich notiere am Ende der Woche, wie erfolgreich ich war.	Ich kann selbstständig einen *Wochenplan* erstellen, mir Ziele setzen und den Verlauf der Woche reflektieren.
	Arbeitstechniken einsetzen	Wenn ich einen Text gründlich lese und Wichtiges markiere, kann ich den Inhalt zusammenfassen.	Ich kann mit der *Lesemethode* einen Text bearbeiten und wichtige Informationen entnehmen, die ich anderen erläutern kann.	Ich kann einem Text wichtige Informationen entnehmen und sie anderen gut strukturiert darstellen, z.B. als *Mindmap*.
		Ich kann Bildern (z.B. Fotos, Grafiken) Informationen entnehmen, wenn ich Hinweise bekomme, worauf ich achten soll.	Ich kann Bildern wichtige Informationen entnehmen, wenn ich Aufgaben dazu bekomme, z.B. mit dem *Bilderrundgang*.	Ich kann Bildern selbstständig Informationen entnehmen und mir auf diese Weise ein Thema erarbeiten, z.B. mit dem *Bild-Text-Puzzle*.
	Indiv. / Koop. Methoden umsetzen	Ich kann mir individuell ein Thema erarbeiten, z.B. mit der *Lerntheke*.	Ich kann in verschiedenen Formen der Partnerarbeit ein Thema erarbeiten, z.B. mit dem *Lerntempoduett*.	Ich kann in verschiedenen Formen kooperativen Lernens ein Thema erarbeiten, z.B. mit dem *Gruppenpuzzle* oder dem *Stationenlernen*.

Üben und vertiefen	Inhalte wiederholen	Ich kann meine neu erworbenen Kenntnisse wiederholen, indem ich mich mit anderen darüber austausche, z.B. im *Gruppenpuzzle*.	Ich kann meine neu erworbenen Kenntnisse wiederholen, indem ich dazu Materialien für andere erstelle, z.B. ein *Rätsel* oder einen *Lückentext*.	Ich kann mir meine neu erworbenen Kenntnisse besser einprägen, wenn ich mit anderen dazu ein Frage-Antwort-Spiel entwickle, z.B. für ein *Quiz* oder ein *Würfelspiel*.
	Inhalte vertiefen/ Transfer leisten	Ich kann meine neu erworbenen Kenntnisse wiederholen, indem ich die wichtigsten Punkte notiere und daraus eine sinnvolle Struktur entwickle, z.B. als *Concept-Map*.	Ich kann meine neuen Kenntnisse vertiefen, indem ich sie in eine andere Form bringe, z.B. ein *Streitgespräch* oder eine *Lerngeschichte* dazu entwickle.	Ich kann meine neuen Kenntnisse vertiefen, indem ich eine *Präsentation* vorbereite, in der ich das Thema gut strukturiert und visualisiert vorstelle.
Gelerntes darstellen	Vortrag halten und visualisieren	Ich kann einen *Vortrag* halten, der klar gegliedert ist. Ich kann laut und deutlich sprechen und Blickkontakt zum Publikum halten. Ich kann zum besseren Verständnis ein *Plakat* dazu gestalten.	Ich kann einen *Vortrag* mithilfe von Stichwortkarten weitgehend frei halten. Ich kann verschiedene Visualisierungstechniken einsetzen, z.B. *Folien* und *Metaplantechnik*.	Ich kann einen Vortrag erfolgreich gestalten und verschiedene geeignete Visualisierungstechniken einsetzen, die meine Darstellung unterstützen, z.B. *PowerPoint*.
	Im Team präsentieren	Ich kann mit einem Partner ein Thema präsentieren, z.B. als *Dialog*.	Ich kann in einer Kleingruppe ein Thema präsentieren, z.B. als *Szenische Präsentation*.	Ich kann allein und im Team Methoden auswählen, die für die Präsentation eines Themas am besten geeignet sind.
	Teilnehmer einbeziehen	Ich kann die Teilnehmer einbeziehen, indem ich mir ein Feedback von ihnen einhole.	Ich kann die Teilnehmer mit Materialien einbeziehen, bei denen sie selbst aktiv werden können, z.B. ein *Rätsel* oder einen *Lückentext*. Ich kann mir ein mündliches Feedback einholen, z.B. mit *Ampelkärtchen*.	Ich kann die Teilnehmer einbeziehen, indem ich ein Handout und weitere Materialien erstelle. Ich kann mir ein mündliches oder schriftliches Feedback einholen, z.B. mit dem *Strahl*.
Reflektieren	Feedback geben	Ich kann Feedback geben, wenn ich zum Arbeitsprozess / zum Ergebnis befragt werde, z.B. mit den *Ampelkärtchen* oder dem *Stimmungsbarometer*.	Ich kann unterschiedliche Feedbackmethoden einsetzen, um einen Prozess / ein Ergebnis zu reflektieren, und mich mit anderen darüber austauschen, z.B. mit *Schatzkästlein und Mülleimer*.	Ich kann mithilfe von *Reflexionsbogen* Feedback zu einem Prozess / einem Ergebnis geben. Ich kann durch den Austausch mit anderen neue Erkenntnisse über meine Fähigkeit, etwas richtig einzuschätzen, gewinnen.
	Lernprozess reflektieren	Ich kann in einem Gespräch mit meinem Lernbegleiter beschreiben, was ich gelernt habe, was ich gut kann und wo ich Probleme habe.	Ich kann in meinem *Lerntagebuch* beschreiben, was ich gelernt habe und wie es mir dabei ergangen ist. Ich kann mich mit anderen darüber austauschen.	Ich kann in meinem *Lerntagebuch* beschreiben, wie ich am besten lerne und wie ich mit Problemen umgehe. Durch den Austausch mit anderen kann ich neue Erkenntnisse über mein Lernen und meine Fähigkeiten gewinnen.

Teamkompetenz[20]

	Kompetenzen	Stufe A	Stufe B	Stufe C
Organisieren	Gruppen bilden	Ich kann mich selbstständig mit den Mitschülern in gleich große Gruppen aufteilen, bin z.B. bereit, die Gruppe zu wechseln.	Ich kann bei der Gruppenbildung darauf achten, dass die Gruppe heterogen zusammengesetzt ist, z.B. nach Jungen und Mädchen, Leistungsfähigkeit, Lernstilen, Interessen.	Ich kann die Gruppenbildung reflektieren und darauf achten, dass die Gruppenmitglieder unterschiedliche Stärken einbringen, z.B. kreativ, kritisch, vermittelnd, antreibend sind oder gut organisieren können.
	Gruppenregeln festlegen	Ich kann vorgegebene Regeln für die Gruppenarbeit umsetzen, z.B. zuhören und ausreden lassen.	Ich kann mit den Gruppenmitgliedern Regeln für die Zusammenarbeit und die Entscheidungsprozesse festlegen und umsetzen, z.B. sich für die Gruppe einsetzen, andere Meinungen akzeptieren.	Ich kann die Einhaltung der Regeln mit der Gruppe reflektieren und ggfs. Konsequenzen für die Zusammenarbeit ziehen, z.B. bei Streitigkeiten vermitteln oder Hilfe holen.
	Gruppenrollen verteilen	Ich kann eine mir zugeteilte Rolle im Team übernehmen, z.B. Zeitmanager, Regelwächter.	Ich kann mich nach Bedarf mit meinen Fähigkeiten in verschiedene Rollen einbringen, z.B. als Materialmanager und Verständnisprüfer.	Ich kann die Anforderungen der verschiedenen Rollen selbstständig umsetzen und dabei die Fähigkeiten und Interessen der einzelnen Gruppenmitglieder berücksichtigen, z.B. Streitschlichter wird der, der unparteiisch ist und gut vermitteln kann.
	Arbeits- und Zeitpläne erstellen	Ich kann einen Arbeits- und Zeitplan erstellen, z.B.: Wer macht was? Mit wem? Bis wann?	Ich kann für den Arbeits- und Zeitplan Ziele formulieren, die Arbeitsschritte sinnvoll planen und die Realisierbarkeit überprüfen, z.B. die SMART-Regel beachten, Puffer einplanen.	Ich kann die Arbeits- und Zeitpläne erfolgreich umsetzen, sie reflektieren und ggfs. korrigieren, z.B. Planung und Umsetzung vergleichen und nachbessern, wenn nötig.
Kommunizieren	zuhören und ausreden lassen	Ich kann aktiv zuhören und andere ausreden lassen.	Ich kann auf andere eingehen und sie ermutigen, ihre Beiträge einzubringen.	Ich kann auf andere eingehen und ihre Beiträge in meine Überlegungen einbeziehen und reflektieren.
	eigene Meinung vertreten	Ich kann mich an die Grundregeln der Diskussion halten, z.B. andere nicht beleidigen.	Ich kann mich in eine Diskussion einbringen, meinen eigenen Standpunkt angemessen formulieren und andere Meinungen akzeptieren.	Ich kann meinen eigenen Standpunkt vertreten, auf Gesprächsbeiträge sachlich argumentierend eingehen und meine Meinung überdenken.
	mit Konflikten umgehen	Ich kann Konflikte wahrnehmen und beschreiben, z.B. bei persönlichen Angriffen.	Ich kann Konflikte analysieren und Lösungsstrategien einsetzen, z.B. als Streitschlichter tätig werden.	Ich kann Konflikte analysieren und partnerschaftlich lösen, z.B.in einem Gespräch mit der Gruppe.

20 Verändert nach der Vorlage von Kerstin Klein, Marianne Müller, Siglinde Plapp, Monika Wenger

Kooperieren	Ideen und Kenntnisse einbringen	Ich kann meine Ideen formulieren und meine Kenntnisse einbringen, z.B. im Schreibgespräch, mit der Metaplantechnik.	Ich kann meine Ideen mit denen der anderen Gruppenmitglieder abstimmen, z.B. mit Placemat, und meine Kenntnisse durch Recherche erweitern z.B. im Internet, in Bibliotheken.	Ich kann meine Ideen auf Realisierbarkeit überprüfen, z.B. in kritischer Auseinandersetzung in der Gruppe, und die Arbeit im Team durch meine Kenntnisse voranbringen, z.B. durch die Weitergabe meines Wissens.
	mitwirken und mitbestimmen	Ich kann meinen Beitrag für die Zusammenarbeit einbringen, z.B. durch ergänzende Vorschläge.	Ich kann die anderen dabei unterstützen, dass das Projekt erfolgreich realisiert wird, z.B. durch die Bereitschaft, weitere Aufgaben zu übernehmen.	Ich kann die anderen unterstützen und demokratische Entscheidungen herbeiführen, begründen und mittragen, z.B. diskutieren, argumentieren und mich mit den anderen abstimmen.
	Verantwortung übernehmen	Ich kann meine Aufgaben zuverlässig und sorgfältig bearbeiten, wenn ich dabei unterstützt werde.	Ich kann meine Aufgaben im Team selbstständig, termingerecht und erfolgreich erledigen, z.B. den Arbeits- und Zeitplan einhalten.	Ich übernehme Verantwortung für das Gelingen der gemeinsamen Aufgabe und kann den Teamprozess reflektieren und optimieren, z.B. mit dem Reflexionsbogen „Teamprozess“.
Reflektieren	Feedback einsetzen	Ich kann in einfachen Gesprächssituationen Feedback geben, z.B. Wichtiges, was ich wahrgenommen habe, kurz zurückmelden.	Ich kann angemessen auf Feedback reagieren, z.B. zuhören und ausreden lassen, mich nicht verteidigen.	Ich kann Feedback erfolgreich einsetzen, um die Zusammenarbeit im Team voranzubringen, z.B. sachlich bleiben, für gutes Feedback bedanken.
	Prozess bewerten	Ich kann Bewertungskriterien für die Zusammenarbeit bei der gemeinsamen Aufgabe aufstellen, z.B. hat engagiert mitgearbeitet, hat andere unterstützt.	Ich kann die ausgewählten Bewertungskriterien für eine Selbst- und Fremdbewertung einsetzen.	Ich kann die Ergebnisse der Bewertung mit der Gruppe reflektieren und die Erkenntnisse für weitere Vorhaben nutzen, z.B. was schon gut war bzw. verbessert werden muss.

Vorwissen aktivieren

Damit die Lernenden neue Kenntnisse erwerben können, müssen sie an etwas Vorhandenes, an etwas, was sie bereits kennen, anknüpfen können. Es gibt verschiedene Methoden, die ihnen diesen Zugang ermöglichen bzw. erleichtern können.

- Zum einen können die Lernenden ihre Ideen und Erfahrungen zu einem neuen Themengebiet einbringen, indem sie **Brainstorming-Methoden** einsetzen. Sie können überlegen, was sie schon darüber wissen oder was sie sich unter dem Thema vorstellen.
- Zum anderen brauchen die Lernenden einen Überblick über das neue Themengebiet, damit sie sich orientieren und das neue Thema in ihr bisheriges Wissen integrieren können. Dafür können **Lernlandkarten und chronologische Darstellungen** eingesetzt werden, ebenso geeignet sind Kompetenzraster. Außerdem müssen die Lernenden dazu angeleitet werden, zu einem Themengebiet selbst eine sinnvolle Struktur zu entwickeln.

Im folgenden Raster zur Methodenkompetenz können die Lernenden sich mithilfe des Lernbegleiters einstufen und sich Entwicklungsziele setzen.

	Kompetenzen	Stufe A	Stufe B	Stufe C
Vorwissen aktivieren	Brainstormingmethoden einsetzen	Ich kann mit einer Brainstorming-Methode meine Ideen und Erfahrungen zu einem neuen Thema einbringen, z.B. mit dem *Schreibgespräch*.	Ich kann mit einer passenden Brainstorming-Methode meine Ideen und Erfahrungen zu einem neuen Thema einbringen und mich in der Gruppe darüber austauschen, z.B. mit *Placemats*.	Ich kann die *Metaplan-Methode* für das Brainstorming einsetzen. Ich kann nach dem Austausch in der Gruppe wichtige Gedanken auf Karten schreiben und im Plenum vorstellen.
	Strukturen entwickeln	Ich kann meine Ideen und Erfahrungen zu einem Thema in eine sinnvolle Ordnung bringen.	Ich kann meine Ideen und Erfahrungen zu einem Thema strukturieren, z.B. in Form einer *Mindmap*.	Ich kann meine Ideen und Erfahrungen zu einem Thema notieren. Ich kann nach dem Austausch mit anderen weitere Ideen ergänzen und eine sinnvolle Struktur entwickeln.

Dieses Kapitel umfasst:

- Brainstorming-Methoden
  - Bildmeditation
  - Cluster
  - Ideenkiste
  - Brainwriting
  - Schreibgespräch
  - Placemat
  - Hummeln
  - Fallende Blätter
  - Kartenabfrage
- Strukturierungsmethoden[1]
  - Advance Organizer
  - Chronologische Struktur

Brainstorming-Methoden

Bildmeditation

Bilder verschiedener Art können den Einstieg in ein neues Themengebiet erleichtern. Die Lernenden können sich mit ihren Erfahrungen, Interessen und Möglichkeiten einbringen. Sie haben Zeit, sich zu überlegen, was sie zu dem Bild bzw. den Bildern sagen möchten und können sich Notizen dazu machen.

Einsatzmöglichkeiten:

- Ideen und Erfahrungen zu einem neuen Themengebiet einbringen
- neue Kenntnisse erwerben
- bereits erarbeitete Themen vertiefen
- das Gelernte und den Arbeitsprozess reflektieren

Sozialformen:

- individuelle und kooperative Arbeitsformen

Beschreibung:

Die Lernenden bilden einen Sitzkreis. Auf dem Boden werden Bilder – auch mehrfach dasselbe Motiv – zu einem neuen Themengebiet ausgelegt.

21 Weitere Beispiele in „Das Gelernte darstellen“, S. 133 ff.

Die Lernenden gehen herum und betrachten die Bilder in aller Ruhe, ohne miteinander zu reden. Jeder entscheidet sich schließlich für ein Bild, sucht sich einen Platz und beginnt, seine Gedanken zu dem Bild aufzuschreiben. Wer fertig ist, sucht sich entweder einen Partner, der dasselbe Bild gewählt hat, oder einen anderen Partner nach Wahl und tauscht sich mit diesem über seine Gedanken aus. Die Gedanken zu den Bildern können, wenn es für das weitere Arbeiten wichtig ist, anschließend auch im Sitzkreis vorgestellt werden.

Anmerkungen:

Diese Methode eignet sich für viele Fächer, insbesondere für allgemeine Themen, zu denen jeder sich seine Gedanken machen kann bzw. schon Erfahrungen gemacht hat.
Jedes Bild kann auch zwei- oder dreimal ausgelegt werden. Dann können sich diejenigen austauschen, die dasselbe Bild gewählt haben, und es anschließend vorstellen. Das ist ein Vorteil bei großen Gruppen, weil sich damit die Zahl der vorgestellten Bilder reduziert.
Wenn die Methode eingesetzt wird, um bereits bearbeitete Themen noch einmal ins Gedächtnis zu rufen und zu vertiefen, sollten die Überlegungen der Lernenden zu den Bildern auch im Plenum vorgestellt werden.

Materialien:

- ❑ Bilder zu thematischen Einheiten
- ❑ Schreibunterlagen für jeden Teilnehmer

Anleitung für Lernende:

- Schau dir die Bilder intensiv an und behalte dabei das Thema „Lebens-Wege“ im Hinterkopf.
- Suche dir ein Bild aus, das dich besonders anspricht.
- Überlege dir dazu eine Situation in deinem Leben, die du so erlebt hast oder die du dir so vorstellen kannst – oder gib einfach deine Gedanken wieder, die dir bei dem Bild eingefallen sind.

Beispiel: Fotos zum Thema „Lebensweg – Lebenssinn“: Die Bilder entstammen einer selbst erstellten Fotokartei für den Ethik-Unterricht.

Beispiel: Auswahl von Bildern zum Einstieg ins Thema Wirtschaft. Jedes Bild ist 2- bis 3-mal vorhanden. Nach individueller Betrachtung und Auswahl finden sich diejenigen zusammen, die über dasselbe Bild nachgedacht haben, und tauschen sich aus.

Cluster

Die Lernenden können ihr Vorwissen aktivieren und ihre Ideen und Erfahrungen zu einem neuen Themengebiet formulieren, ohne dass sie gleich eine Struktur dazu entwickeln müssen.

Einsatzmöglichkeiten:

- neue Themengebiete erschließen
- sich ein Thema noch einmal ins Gedächtnis rufen und damit vertiefen
- ein Thema unter verschiedenen Aspekten betrachten

Sozialformen:

- individuelle Ideensammlung
- möglich: Austausch in Kleingruppen und Ergänzung weiterer Ideen

Beschreibung:

Jeder Teilnehmer hat ein leeres DIN-A4-Blatt und verschiedenfarbige Stifte vor sich liegen. Ein Stichwort bzw. Thema wird vorgegeben, in die Mitte des Blattes geschrieben und umkringelt. Die Aufgabe ist nun, alle Gedanken zu diesem Stichwort um die Mitte herum zu schreiben. Sie werden ebenfalls umkringelt und durch eine Linie mit dem Thema verknüpft. Wenn zu einem Gedanken weitere folgen, die dazugehören, werden sie miteinander durch weitere Striche zu einer Kette verbunden und eventuell ergänzt. Die Zeit für die Ideensammlung kann auf 10 Minuten begrenzt werden. Anschließend können die Ideen mit einem Partner oder in der Kleingruppe ausgetauscht und gegebenenfalls ergänzt werden.

Anmerkungen:

Jegliche Wertung sollte unterbleiben, da sie den Ideenfluss hemmt. Daran kann sich die Aufgabe anschließen, mithilfe der Notizen in ca. 15 Minuten einen Text zu dem Stichwort zu schreiben und diesen im Plenum vorzulesen. Das Cluster kann, wenn es strukturiert wird, zu einer Mindmap weiterentwickelt werden.

Materialien:

- ❑ DIN-A4-Blätter
- ❑ verschiedenfarbige Stifte für jeden Teilnehmer

Beispiel: Stoffsammlung für einen Text/ein Gedicht zum Thema „Herbst"

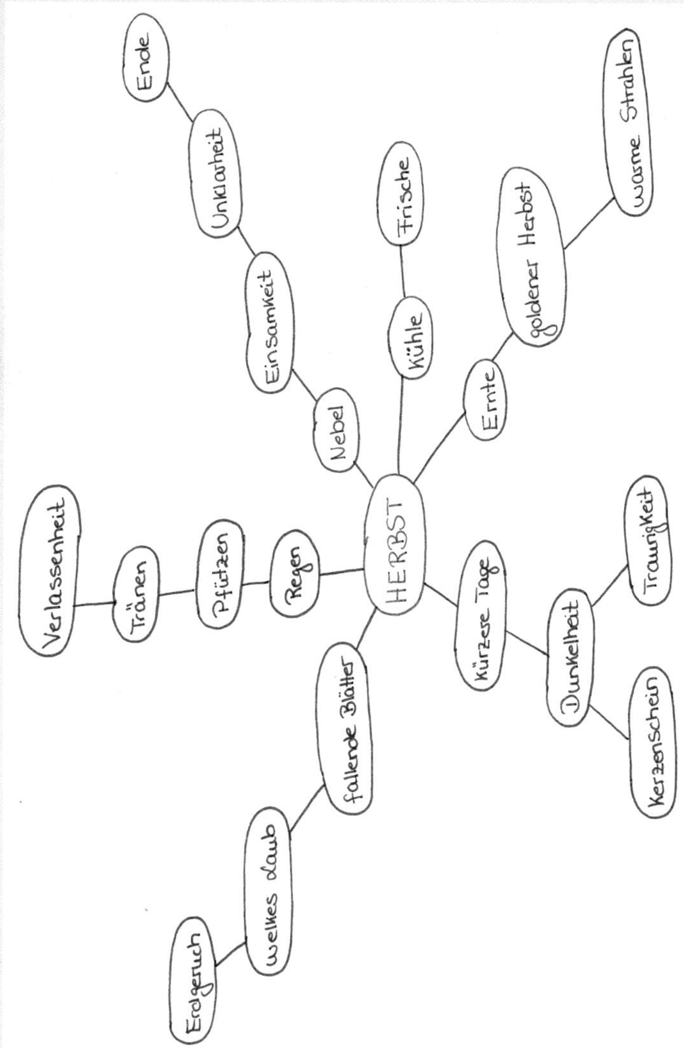

Anleitung für Lernende:

Ideensammlung mit dem Cluster
- Schreibe das Thema in die Mitte und kreise es ein.
- Notiere außen herum alles, was dir dazu einfällt.
- Wenn dir zu einem Stichwort ein weiteres einfällt, schreibe es weiter nach außen und verbinde beide mit einer Linie.
- Wenn dir nichts mehr einfällt, verbinde die Stichwörter, die zusammengehören, durch Linien (oder markiere sie in derselben Farbe).

Ideenkiste

Die Lernenden bekommen Fragen oder Impulse zu einem neuen Themengebiet. Sie formulieren ihre Ideen und Erfahrungen, die die Grundlage für die Bearbeitung des neuen Themas bilden können. Sie haben so die Möglichkeit, die Schwerpunktsetzung des Themas mitzugestalten.

Einsatzmöglichkeiten:
- Ideen und Vorstellungen zu einem Thema einbringen
- neue Themengebiete erschließen und Schwerpunkte setzen
- Schwerpunkte für arbeitsteilige Gruppenarbeit entwickeln

Sozialformen:
- individuelle Zusammenstellung der Kenntnisse, Ideen und Erwartungen
- Strukturierung und Auswertung in Gruppen
- Vorstellung im Plenum

Beschreibung:

Jeder Lernende erhält ein vorbereitetes DIN-A4-Blatt, das in 3 bis 4 Abschnitte untergliedert ist. Jeder Abschnitt enthält eine Frage oder einen Im-

puls. Dazu ergänzen die Lernenden ihre individuellen Ideen, Erfahrungen oder Vorstellungen.
Die Blätter werden danach so zusammengelegt, dass die gleichen Abschnitte aufeinanderliegen, und so zerschnitten, dass von jedem Abschnitt ein Stapel vorhanden ist.
Anschließend teilt sich die Gruppe in die entsprechende Anzahl von Kleingruppen auf. Jede Gruppe bekommt einen Stapel (zur selben Frage / zum selben Impuls), versucht, die Beiträge zu strukturieren und stellt das Ergebnis den anderen Gruppen vor.
In einer sich anschließenden Diskussionsrunde werden die Ergebnisse besprochen. Die Ideen, Erfahrungen und Vorstellungen der Lernenden können die Grundlage für die weitere Schwerpunktsetzung bei dem Thema bilden.

Anmerkungen:
Die schriftliche und anonyme Ideensammlung ermutigt auch Zurückhaltende, sich einzubringen. So erhält man ein breites Spektrum an Ideen, Erfahrungen, Kenntnissen und Vorstellungen.
Bei großen Gruppen kann der Stapel eines Abschnitts auch auf zwei Kleingruppen aufgeteilt werden, sodass bei 3 Abschnitten 6, bei 4 Abschnitten 8 Kleingruppen gebildet werden können.

Materialien:
- ❑ DIN-A4-Blätter mit vorbereiteter Aufgabenstellung in der Zahl der Lernenden
- ❑ Stifte
- ❑ Schneidegerät

Beispiel: Einstieg in das Thema „Glück“ im Fach Ethik, Klasse 10: Die Lernenden können ihr Vorwissen einbringen, über das Thema nachdenken und einen individuellen Bezug dazu entwickeln. Sie tragen also in jede Spalte ein, was ihnen dazu einfällt.

Unter Glück verstehe ich ...

- ✂ -

Mein Glück ist ...

- ✂ -

Ohne ...

kann ich nicht glücklich sein.

Beispiel: Info-Plakate zur Methode für Lernende, von Teilnehmern von Lehrerfortbildungen erstellt

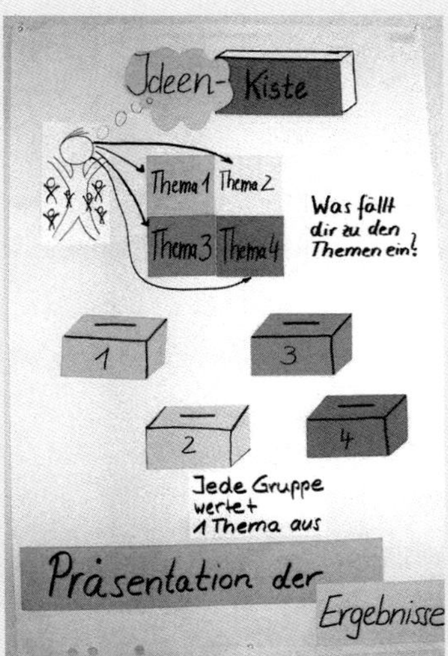

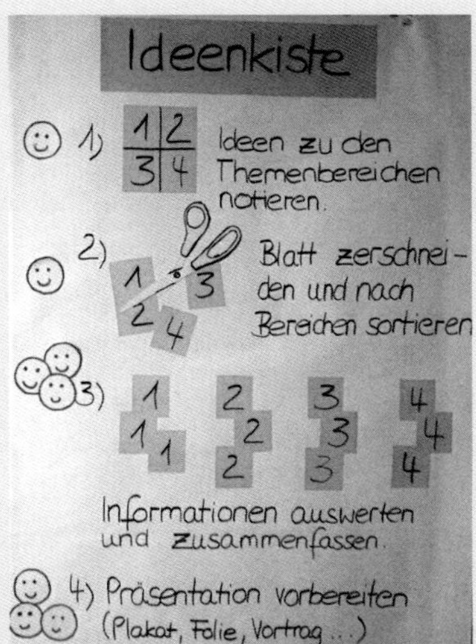

Vorwissen

Brainwriting

Die Lernenden bekommen Fragen, Begriffe oder Impulse als Einstieg in ein neues Themengebiet. Sie formulieren ihre Ideen und Kenntnisse, die von den übrigen Gruppenmitgliedern ergänzt oder kommentiert werden können.

Einsatzmöglichkeiten:

- neue Themengebiete erschließen
- verschiedene Aspekte eines Themas beleuchten
- Lösungsstrategien entwickeln
- Begriffe definieren
- Gelerntes wiederholen und vertiefen

Sozialformen:

- individuelle Ideensammlung
- gegenseitige Ergänzung und Auswertung in den Gruppen
- eventuell Vorstellung im Plenum

Beschreibung:

Die Lernenden teilen sich in Gruppen zu 4 bis 5 Personen auf. Jeder hat ein DIN-A4-Blatt im Querformat vor sich liegen und faltet es so, dass z.B. drei gleich breite Spalten entstehen.
In die drei Spalten werden Fragen, Begriffe oder Impulse zu einem vorgegebenen Thema nebeneinander in gleicher Höhe in die 3 Spalten geschrieben, zu denen jeder Lernende erste Ideen einträgt. Danach reicht jeder sein Blatt an den Nachbarn zur Linken weiter, der seine Ergänzungen oder auch Stellungnahmen in der entsprechenden Spalte hinzufügt. Während des Schreibprozesses darf nicht gesprochen werden.
Die Blätter werden in der Gruppe im Uhrzeigersinn weitergereicht und mit Notizen kommentiert, bis jeder seine Äußerungen samt den Anmerkungen der anderen Lernenden wieder vor sich hat. Die Ergebnisse können in der Gruppe diskutiert, strukturiert und im Plenum vorgestellt werden. Sie können die Grundlage bilden für die Schwerpunktsetzung in einem neuen The-

mengebiet, da sie sich an den Vorkenntnissen und Interessen der Lernenden orientieren.

Anmerkungen:
Das Brainwriting ermutigt auch weniger Redegewandte, sich einzubringen, weil sie sich in einfachen Stichworten, unvollständigen Sätzen oder Zeilen äußern können, ohne dass ihnen jemand ins Wort fällt.

Materialien:
- ❑ ein DIN-A4-Blatt (eventuell schon vorbereitet mit Fragen, Begriffen oder Impulsen) je Teilnehmer
- ❑ Stifte

Beispiel: Vorbereitung auf das Projekt Wirtschaften, Verwalten und Recht
Die Lernenden wurden in Gruppen eingeteilt. Jeder erhielt den Bogen mit den 3 Begriffen, der in der Gruppe weitergegeben und ergänzt oder kommentiert wurde.

Wirtschaften:	**Verwalten:**	**Recht:**

Anschließend hatte jede Gruppe die Aufgabe, sich auf eine Definition zu einigen, sie auf einen Streifen zu schreiben und an die Pinnwand/Tafel zu heften. Das Endergebnis von 4 Gruppen war folgendes:

Wirtschaften:	**Verwalten:**	**Recht:**
▪ Planung und Kalkulation ▪ Produktion, Dienstleistung ▪ geschickter Umgang mit den zur Verfügung stehenden Mitteln ▪ Einnahmen ≥ Ausgaben	▪ ordnen, strukturieren, koordinieren ▪ Überwachung der Abläufe und Ergebnisse ▪ Organisation ▪ Planung: Arbeit, Zeit, Gruppen	▪ Rechtslage klären ▪ rechtliche Grundlagen beachten ▪ sich auf Grundlagen einigen ▪ Regeln erstellen und einhalten

Vorwissen

Schreibgespräch

Die Lernenden bekommen einen Impuls für den Einstieg in ein neues Themengebiet. Sie formulieren ihre Ideen und Fragen, welche die anderen Gruppen ergänzen oder kommentieren können.

Einsatzmöglichkeiten:

- neue Themengebiete erschließen
- aktuelle Themen bearbeiten
- ein durchgeführtes Vorhaben reflektieren

Sozialformen:

- individuelle Ideensammlung
- Strukturierung und Auswertung in Gruppen
- Vorstellung im Plenum

Beschreibung:

Das Plenum wird in Gruppen mit 4 bis höchstens 6 Lernenden eingeteilt. Jede Gruppe erhält einen großen Papierbogen, auf dem in der Mitte ein Impuls oder eine Frage als Einstieg in ein neues Themengebiet steht.
Die Lernenden überdenken den Impuls erst jeder für sich und bearbeiten ihn schriftlich, ohne miteinander zu reden. Wer eine Idee oder Frage zu dem Thema äußern will, schreibt sie auf den Bogen.
Nach einer vorgegebenen Zeit wird der Bogen im Uhrzeigersinn an die nächste Gruppe weitergegeben. Die Gruppenmitglieder ergänzen ihre Gedanken zu dem, was die vorige Gruppe geschrieben hat. Durch Antworten, Gegenfragen, Weiterfragen, Unterstreichungen, Fragezeichen, Verbindungslinien, Pfeile kann auf die Äußerungen der vorigen Gruppe eingegangen werden. Der Bogen geht dann weiter an die nächste Gruppe. Zum Abschluss bekommt die erste Gruppe ihren Bogen zurück, strukturiert die Ergebnisse und trägt sie im Plenum vor.

Anmerkungen:

Das Schreibgespräch ermutigt auch weniger Redegewandte, sich einzubringen, weil sie sich in einfachen Stichworten, mit Unterstreichungen, Ausrufe- oder Fragezeichen mitteilen können, ohne dass ihnen jemand ins Wort fällt.

Mehr als 3 Stationen sollte ein Bogen nicht durchlaufen, weil nicht mehr viel Neues dazukommt. Die Zeit für die Eintragungen kann auch verkürzt werden, z.B. von 6 Minuten auf 4 und danach 2 Minuten. Es ist spannend für die Gruppen, ihren Bogen mit den Kommentaren zurückzubekommen.

Materialien:

- ❑ Papierbogen ca. 70 x 100 cm
- ❑ Marker mit breiter Spitze

Beispiel: Schreibgespräch zum Thema „Gelungene Kommunikation"

Anleitung für Lernende:

Schreibgespräch

- Schreibt zu dem vorgegebenen Thema eure Gedanken auf. Ihr könnt von allen Seiten gleichzeitig schreiben.
- Wenn jeder seine Gedanken notiert hat, könnt ihr auch die Gedanken der anderen Gruppenmitglieder kommentieren.

- **Es ist nicht erlaubt, miteinander zu reden!**
- Nach 5 Minuten gebt ihr auf ein Zeichen von mir die Bogen im Uhrzeigersinn an die nächste Gruppe weiter, die weitere Gedanken und Kommentare ergänzen kann. Das wiederholt ihr noch zweimal.
- Dann bekommt ihr euren Bogen zurück. Ihr besprecht miteinander das Ergebnis und einigt euch, wer es kurz vorstellt.

Placemat

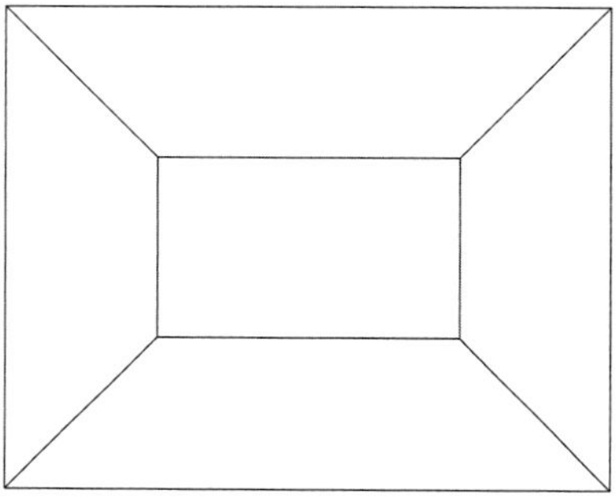

Die Lernenden formulieren ihre Ideen zu einem vorgegebenen Thema. Sie stellen Konsens her über die Ideen, die der Gruppe am wichtigsten erscheinen.

Einsatzmöglichkeiten:

- neue Themengebiete erschließen
- aktuelle Themen bearbeiten
- Lösungsstrategien entwickeln

Sozialformen:

- individuelle Ideensammlung
- Austausch in der Kleingruppe (Einigung auf die wichtigsten Ideen)

Beschreibung:

Die Lernenden werden in Gruppen von 3 bis maximal 6 Personen eingeteilt. Jede Gruppe setzt sich um einen Tisch mit einem Papierbogen, zeichnet ein Rechteck oder ein Oval in die Mitte und teilt das Blatt anschließend nach Anzahl der Personen in möglichst gleich große Felder ein. Das mittlere Feld ist für eine Auswahl der Ideen der Gruppenmitglieder vorgesehen.
Jeder schreibt nun ca. 3 Minuten lang seine Ideen zu einem vorgegebenen Thema oder Impuls in sein Feld. Dabei sollten die Lernenden untereinander noch keinen Kontakt aufnehmen.
Anschließend stellen die Gruppenmitglieder sich gegenseitig ihre Ergebnisse vor. Jede Gruppe einigt sich auf eine Anzahl von z.B. 3 Ideen und schreibt diese in das Rechteck oder Oval in der Mitte. Dieses kann ausgeschnitten, an eine Pinnwand geheftet und den anderen Gruppen vorgestellt werden.

Anmerkungen:
Die Methode kommt aus dem kooperativen Lernen.[22] Sie kann ohne großen Aufwand eingesetzt werden und beteiligt alle Lernenden. Sie können ihre Gedanken äußern und sich mit den Gruppenmitgliedern abstimmen.

Materialien:
- ❑ Tisch mit Stühlen in der Anzahl der Gruppenmitglieder
- ❑ ein Papierbogen in DIN A2 oder A3 je Gruppe
- ❑ Stifte

Beispiel zum Thema „Regeln für einen guten Vortrag“ für 4 Lernende

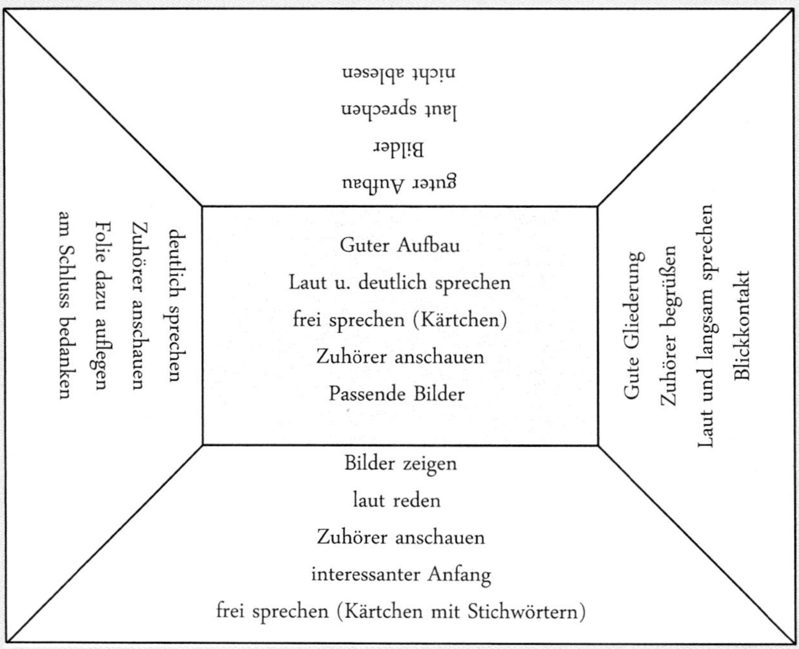

22 Green: Kooperatives Lernen S. 136

Anleitung für Lernende:

Regeln für einen guten Vortrag

- Zeichnet ein Rechteck oder ein Oval in die Mitte des Bogens und teilt das Blatt nach Anzahl der Gruppenmitglieder in möglichst gleich große Felder ein.
- Nun schreibt jeder die Regeln, die ihm wichtig erscheinen, in sein Feld (ca. 3 Minuten) und stellt sie anschließend den anderen Gruppenmitgliedern vor.
- Einigt euch auf insgesamt 5 Regeln und schreibt sie in großen Buchstaben in das Feld in der Mitte. Schneidet es aus, heftet es an die Pinnwand und stellt euer Ergebnis vor.

Hummeln

Die Lernenden können sich nach Interesse und Vorwissen einbringen. Da mehrere gleichzeitig ihre Stellungnahmen formulieren, bleiben diese relativ anonym und nehmen den Einzelnen so die Scheu, sich zu äußern.

Einsatzmöglichkeiten:

- neue Themengebiete erschließen
- aktuelle Themen bearbeiten
- ein durchgeführtes Vorhaben reflektieren

Sozialformen:

- individuelle Ideensammlung
- Strukturierung und Auswertung in Gruppen
- Vorstellung im Plenum

Beschreibung:

Auf mehreren Tischen werden große Papierbogen ausgelegt oder an den Wänden ausgehängt, möglichst weit verteilt, auf denen unterschiedliche Fragen oder Impulse stehen.

Die Lernenden gehen herum und nehmen schriftlich dazu Stellung. Auch die Stellungnahmen anderer können kommentiert werden. Die zur Verfügung stehende Zeit kann – je nach Anzahl der Fragen und Impulse – auf maximal 10 Minuten begrenzt werden. Wichtig: Es ist in dieser Phase nicht erlaubt, miteinander zu reden!

Anschließend ordnen sich die Lernenden nach Interesse einem Bogen zu und versuchen, die Beiträge zu strukturieren. Die Gruppen stellen ihre Ergebnisse vor. Eine Diskussionsrunde kann sich anschließen.

Anmerkungen:

Der Raum muss so gestaltet sein, dass die Lernenden genug Bewegungsfreiheit haben. Die Zahl der Papierbogen mit den Fragen bzw. Impulsen richtet sich nach der Gruppengröße, wobei im Schnitt nicht mehr als 6 Personen an einem Bogen beschäftigt sein sollten.

Der Name ist der Open-Space-Methode entlehnt. Mit „Hummeln“ ist gemeint, dass die Lernenden verschiedene Fragestellungen oder Impulse „befruchten“.

Materialien:

- ❑ mehrere Papierbogen ca. 70 x 100 cm mit vorbereiteten Fragen oder Impulsen (auch möglich: Bildimpulse)
- ❑ ein breiter Marker für jeden Teilnehmer

Beispiel: „Was unsere mündliche Mitarbeit behindert …“

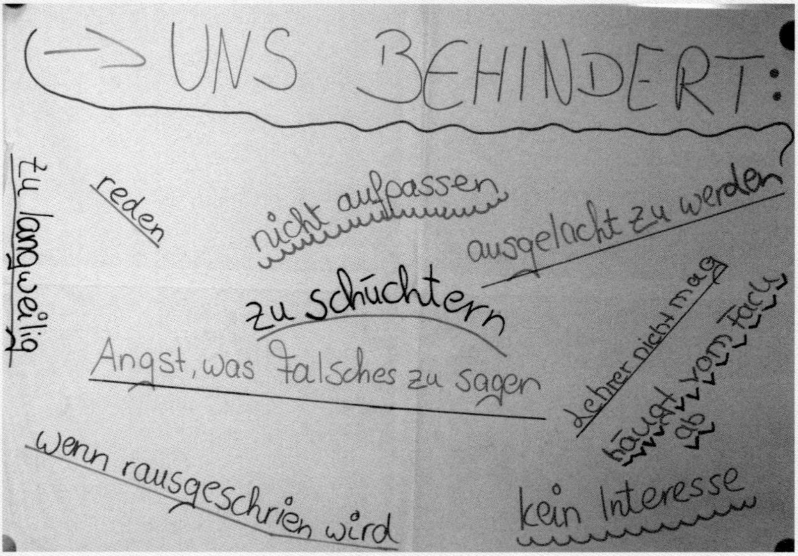

Anleitung für Lernende:

Hummeln

An den Wänden hängen Papierbogen mit verschiedenen Thesen und Impulsen.

- Du gehst reihum und nimmst zuerst schriftlich Stellung. Stellungnahmen von anderen kannst du danach auch schriftlich kommentieren. **Es ist nicht erlaubt, miteinander zu reden!**
- Nach 5 Minuten ordnest du dich auf ein Zeichen von mir einer Station zu, die dich interessiert.
- Besprecht miteinander das Ergebnis und einigt euch, wer es anschließend kurz vorstellt.

Fallende Blätter

Jeder Lernende kann seine Ideen und Erfahrungen einbringen und sein Vorwissen aktivieren.

Einsatzmöglichkeiten:

- neue Themengebiete erschließen
- Veranstaltungen planen
- Lösungsstrategien entwickeln

Sozialformen:

- individuelle Ideensammlung
- Strukturierung und Auswertung im Plenum

Beschreibung:

Die Lernenden bilden einen Sitzkreis mit einer freien Bodenfläche in der Mitte. Das Thema oder der Impuls wird auf eine Moderationskarte geschrieben und auf den Boden gelegt. Die Lernenden schreiben ihre Ideen dazu gut lesbar auf Moderationskarten. Diese werden auf dem Boden ausgelegt wie Blätter, die im Herbst von den Bäumen fallen.
Wenn die Lernenden ihre Gedanken notiert haben, gehen sie durch den Raum, schauen sich die Karten der anderen an und ergänzen sie eventuell durch weitere Ideen. Dafür sollte genügend Zeit gelassen werden. Die Karten werden anschließend von den Lernenden sortiert, sodass eine Struktur des Themas entsteht.
Die Beiträge können dazu genutzt werden, bei einem neuen Themengebiet Schwerpunkte nach den Erfahrungen und Interessen der Lernenden zu setzen.

Anmerkungen:

„Fallende Blätter" ist eine Variante der Kartenabfrage. Sie ermöglicht allerdings mehr Bewegung im Raum, was bei größeren Gruppen von Vorteil ist. Die anschließende Strukturierung ist einfacher, wenn die Karten auf dem Boden liegen.
Auch hier gilt die Grundregel: **Die Beiträge dürfen nicht kommentiert oder bewertet werden, weil jede Äußerung wichtig ist.**

Variante: Ideensammlung mit Think – Pair – Share (siehe Kartenabfrage). Doppelungen werden vermieden und die Anzahl der Karten bleibt überschaubarer. Die Auswertung findet ebenfalls im Plenum statt.

Materialien:

- ❑ Marker mit breiter Spitze
- ❑ Moderationskarten

Beispiel: Fallende Blätter zum Thema „Rechtsextremismus"

Kartenabfrage

Jeder Lernende kann seine Ideen und Erfahrungen einbringen und sein Vorwissen aktivieren.

Einsatzmöglichkeiten:

- neue Themengebiete erschließen
- Veranstaltungen planen
- Lösungsstrategien entwickeln
- Klassenregeln entwickeln

Sozialformen:
- individuelle Ideensammlung
- Strukturierung und Auswertung im Plenum

Beschreibung:
Ein Thema hängt als Impuls an der Pinnwand. Die Lernenden äußern sich dazu mithilfe von Moderationskarten, die gut lesbar beschriftet und angeheftet werden. Auf jede Karte wird nur eine Äußerung notiert.
Wenn alle Lernenden ihre Karten angepinnt haben, können die Beiträge geordnet und strukturiert werden. In Gruppen können die Ergebnisse weiter bearbeitet, ergänzt und ausgewertet werden.

Anmerkungen:
Die Kartenabfrage ist auch gut geeignet zur Lösung komplexer Probleme, die ein konstruktives und kreatives Arbeiten in Gruppen erfordern.
Alle Meinungen kommen zum Tragen, auch die von denen, die sich mündlich eher nicht äußern. Eine wesentliche Grundregel muss eingehalten werden: **Die Beiträge dürfen nicht kommentiert oder bewertet werden, weil jede Äußerung wichtig ist.**
Variante: Ideensammlung mit Think – Pair – Share. Doppelungen werden vermieden und die Anzahl der Karten bleibt überschaubarer. Die Auswertung findet ebenfalls im Plenum statt.

Materialien:
- ❑ Pinnwand
- ❑ Marker mit breiter Spitze
- ❑ Moderationskarten

Beispiel: Kartenabfrage zum Thema „Rechtsradikalismus"
Erst wurden Ideen und Vorwissen auf Karten geschrieben, anschließend wurden sie Oberbegriffen zugeordnet, Doppelungen wurden übereinandergeheftet.

Anleitung für Lernende:

Think – Pair – Share

Aufgabenstellung:

Think: Überlege zuerst für dich allein, was du zum Thema „Rechtsradikalismus“ schon gehört hast und mache dir Notizen.

Pair: Auf ein Zeichen von mir suchst du dir einen Partner und tauschst dich mit ihm über eure Ergebnisse aus. Sucht euch ein weiteres Paar, stellt euch gegenseitig eure Ergebnisse vor und diskutiert sie.

Share: Schreibt eure wichtigsten Punkte auf Moderationskarten und stellt sie im Plenum vor.

Strukturierungsmethoden

Advance Organizer

Die Lernenden können sich in Form eines Advance Organizers eine grobe Übersicht über ein neues Thema verschaffen. Er visualisiert in anschaulicher Form mögliche Teilthemen und Schwerpunkte und zeigt auf, wie sie miteinander in Verbindung stehen. Damit wird den Lernenden die Verknüpfung neuer Inhalte mit bereits bestehenden Strukturen, Orientierung und damit nachhaltiges Lernen und Behalten ermöglicht.[23]

Einsatzmöglichkeiten:

- neue Themengebiete erschließen
- aktuelle Themen bearbeiten

Sozialformen:

- individuelle Bearbeitung des vorgestellten Organizers
- Austausch in der Kleingruppe und anschließend im Plenum

Vorwissen

23 Informationen nach: www.uni-koeln.de/hf/konstrukt/didaktik/organizer/darstellung.html

Beschreibung:

Wesentliche Inhalte eines Themengebietes werden für die Lernenden visualisiert. Dazu eignen sich Begriffe, kurze Texte, Bilder, Grafiken etc., die durch die Art der Darstellung, z.B. Pfeile oder Linien, miteinander in Verbindung gebracht werden.
Der Organizer wird auf einem Plakat oder an einer Pinnwand visualisiert, von den Lernenden in ihre Unterlagen übertragen oder fotografiert und dann für jeden kopiert.
Der Organizer begleitet die Lernenden durch das gesamte Themengebiet, kann weiter ergänzt und zum Abschluss kritisch betrachtet werden.

Anmerkungen:

In einem ersten Schritt wird ein Advance Organizer vom Lernbegleiter für die Lernenden erstellt, in einem zweiten Schritt können sie an der Erstellung mithilfe des vorbereiteten Materials beteiligt werden. In einem dritten Schritt sind sie gefordert, selbst einen Organizer zu einem Thema zu erstellen.
Die einzelnen Texte, Bilder etc. sind wie Puzzleteile zu betrachten, die sozusagen zu einem Ganzen zusammengefügt werden. „Wenn diese Informationen einer gedanklichen Struktur zugeordnet werden können, wird es einfacher, sich ein Bild zu machen. Zu verstehen.“[24]

Materialien:

- ❑ zum Themengebiet passende Grafiken, Bilder, Begriffe, kurze Texte
- ❑ Moderationskarten
- ❑ Plakat oder Pinnwand und Befestigungsmaterial

24 Müller: Dem Wissen auf der Spur, S. 9

Beispiel: Advance Organizer
Erste Übersicht über die Ursachen für den 1. Weltkrieg, weitere Informationen werden im Verlauf der Bearbeitung ergänzt

Ursachen 1. Weltkrieg

Weltmachtpolitik

Wilhelm II. will Deutschland mit Nachdruck zu einer Weltmacht machen: Keine Entscheidung in der Welt ohne Deutschland und den deutschen Kaiser.

Rüstungspolitik

1900 äußerte ein General, dass Deutschland eine so starke Flotte haben müsse, dass diese für jede andere Macht eine Gefährdung werden könnte.

Kolonialismus

Seit 1882 warb der Deutsche Kolonialverein für den Erwerb von Kolonien. Die Rede eines Staatssekretärs machte 1897 schließlich deutlich: „... wir verlangen auch unseren Platz an der Sonne."

Konfliktherd Balkan

Auf dem Balkan: Konflikte zwischen Österreich-Ungarn und Russland. Serbien wollte, unterstützt von Russland, ein „großserbisches Reich", auch mit den österreichisch-ungarischen Serben.

Bündnispolitik

Deutschland hatte Bündnisse mit Österreich-Ungarn, Italien und Russland, mit Russland aber keine Verlängerung. Frankreich schließt mit Russland und Großbritannien ein Bündnis.

Vorwissen

Chronologische Struktur

Die Lernenden verschaffen sich in Form einer chronologischen Struktur, z.B. der Zeitleiste, einen groben Überblick über ein neues Themengebiet. Das ermöglicht ihnen Orientierung.

Einsatzmöglichkeiten:

- Geschichte: Überblick über bestimmte Epochen
- Deutsch und Sprachen: Literaturgeschichte
- Bildende Kunst und Musik: Zeitströmungen
- Lektüre: Chronologie der Ereignisse

Sozialformen:

- individuelle Bearbeitung des vorgestellten Zeitstrahls
- Bearbeitung der Themen in Kleingruppen
- Vorstellung im Plenum

Beschreibung:

Wesentliche Ereignisse oder Epochen werden in der zeitlichen Abfolge, z.B. an einer Wand im Klassenzimmer, visualisiert. Dazu gehört eine Darstellung des zeitlichen Abschnitts mit klaren Unterteilungen. Zur Veranschaulichung der Ereignisse werden Bilder, Grafiken, Jahreszahlen, Begriffe, Stichwörter etc. ergänzt.
Die Zeitleiste begleitet die Lernenden durch das gesamte Themengebiet. Das Grobgerüst kann von Anfang an einen Überblick ermöglichen, die detailliertere Darstellung wird fortlaufend ergänzt.

Anmerkungen:

Die Lernenden bekommen die Zeitleiste im Kleinformat kopiert und können Ereignisse etc. eintragen. Die einzelnen Ereignisse werden von ihnen nach Absprache in Gruppen erarbeitet und den anderen präsentiert. In der großen Zeitleiste werden Bilder, Begriffe etc. hinzugefügt; ebenso ergänzt jeder Schüler die Ereignisse in seiner Kopie im Kleinformat.

Materialien:

- ❑ Zum Themengebiet passende Grafiken, Bilder, Begriffe, kurze Texte, Zeitleiste
- ❑ Moderationskarten und Stifte zum Beschriften
- ❑ Plakat oder Pinnwand und Befestigungsmaterial

Beispiel: Zeitleiste – Bundeskanzler der Bundesrepublik Deutschland

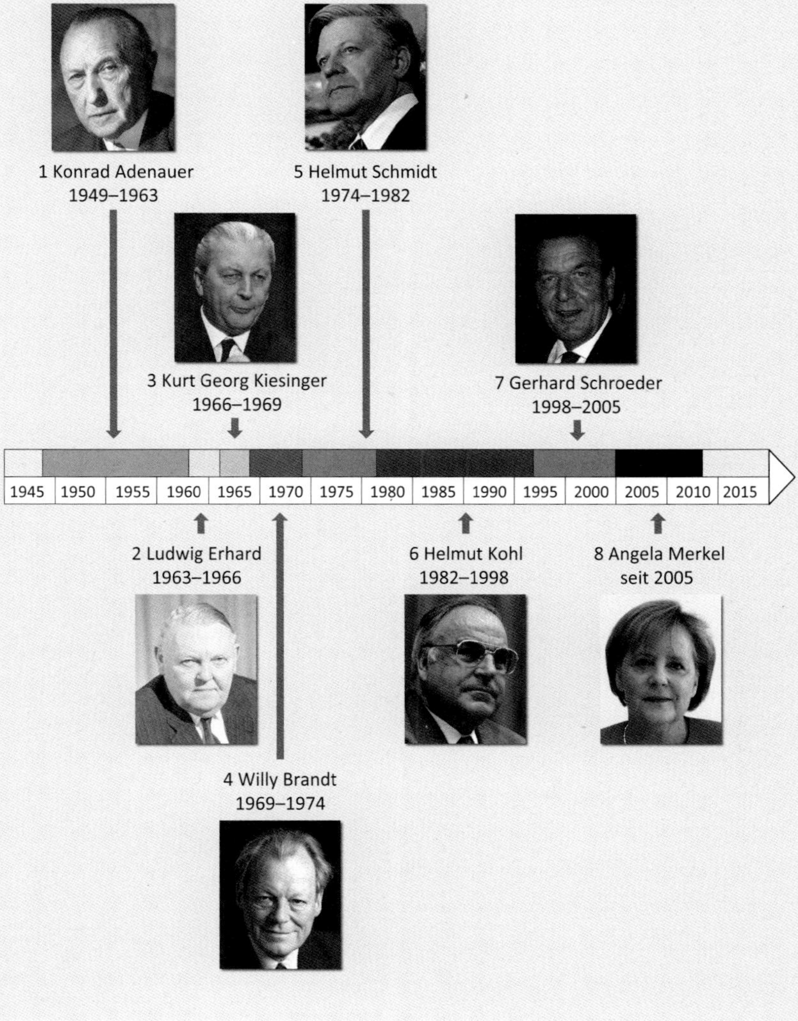

Beispiel: Friedrich Schiller, Verbrecher aus verlorener Ehre: Lebenslinie des Christian Wolf mit Höhen und Tiefen (Klasse 9)

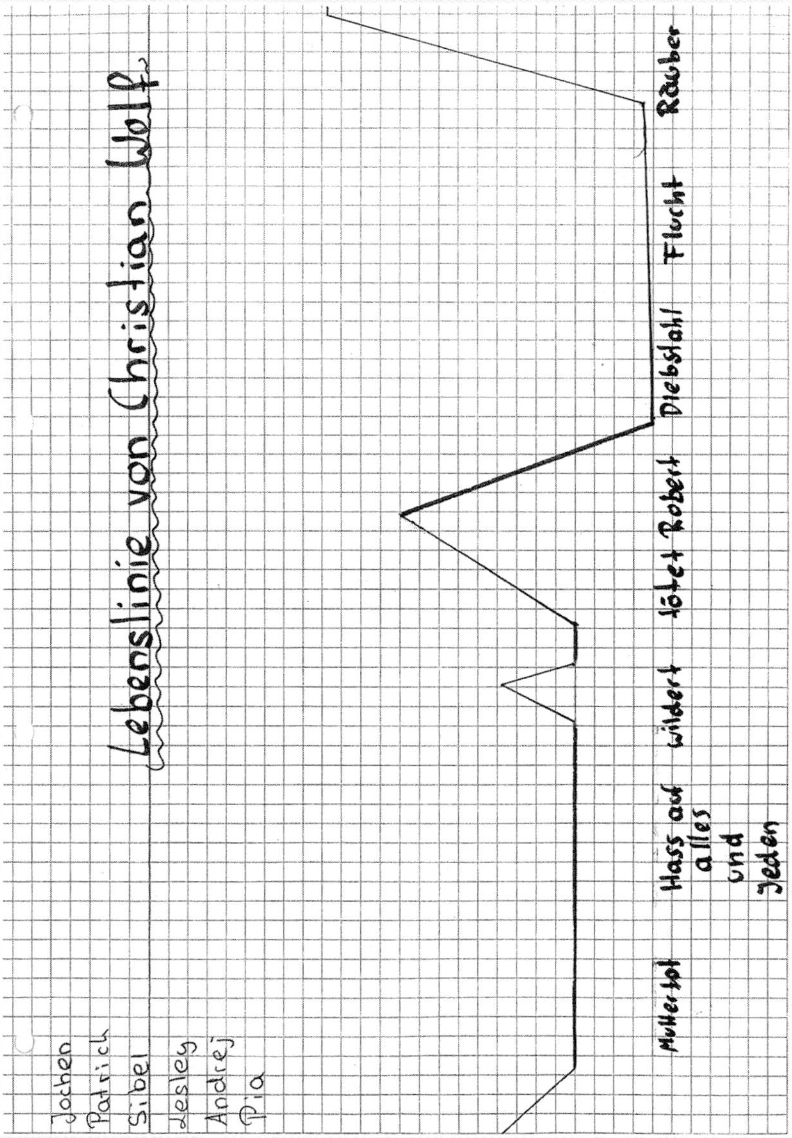

Beispiel: Friedrich Schiller, Verbrecher aus verlorener Ehre: Ereignisse im Leben des Christian Wolf und Folgen (Klasse 9)

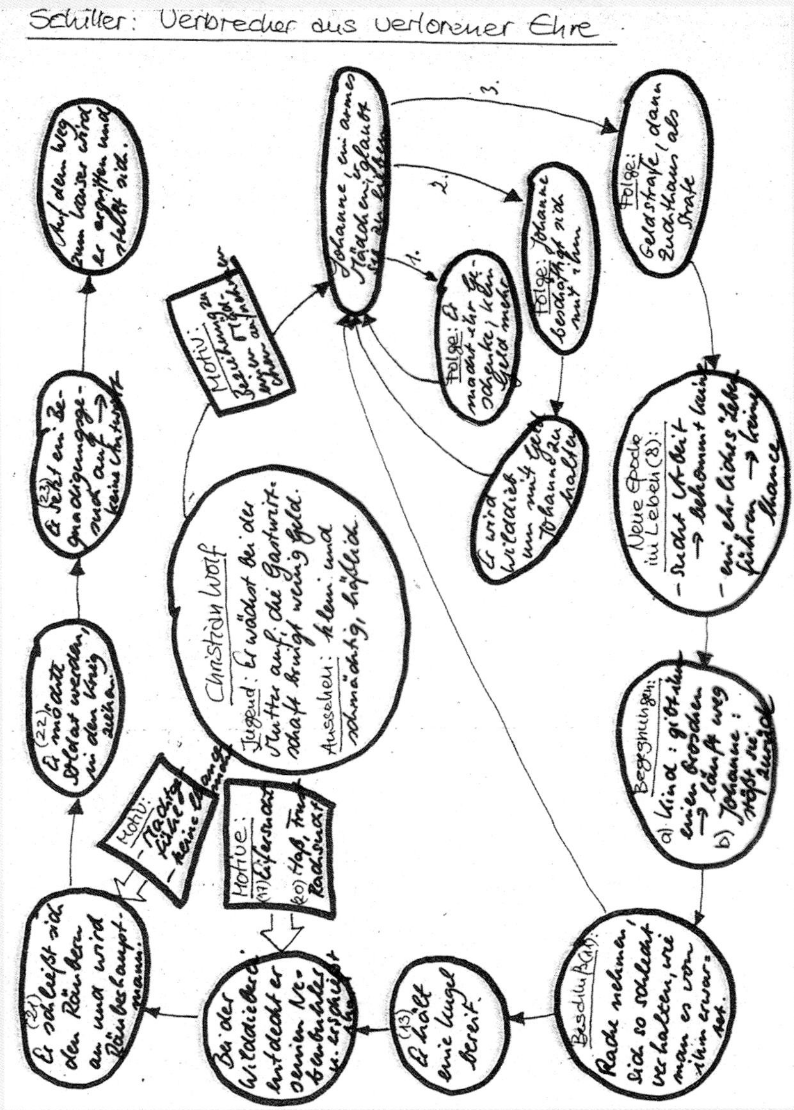

Kenntnisse erwerben

Um Wissen nachhaltig speichern zu können, müssen die Lernenden möglichst selbstständig ein neues Themengebiet erarbeiten können. Dazu müssen sie **Planungsinstrumente anwenden und Arbeitstechniken** einsetzen können.
Mit dem selbstständigen Erarbeiten neuer Inhalte sind einzelne Lernende manchmal überfordert. Wenn sie sich aber mit einem Partner und in der Kleingruppe austauschen können, ist das für sie eine gute Unterstützung. Deshalb ist das **kooperative Lernen** in dieser Phase besonders wichtig.

Das folgende Kompetenzraster ermöglicht den Lernenden eine Einschätzung, welche Vorkenntnisse sie im methodischen Bereich bereits haben. So haben sie die Möglichkeit, sich zu orientieren, was sie als Nächstes erreichen können.

	Kompetenzen	Stufe A	Stufe B	Stufe C
Kenntnisse erwerben	Planungsinstrumente anwenden	Ich kann einen Tagesplan erstellen, in den ich eintrage, was ich lernen möchte und was ich dazu bearbeiten werde. Ich notiere am Ende des Tages, wie erfolgreich ich war.	Ich kann mit Anleitung einen *Wochenplan* erstellen. Ich schreibe auf, welche Ziele ich habe und wie ich sie erreichen möchte. Ich notiere am Ende der Woche, wie erfolgreich ich war.	Ich kann selbstständig einen *Wochenplan* erstellen, mir Ziele setzen und den Verlauf der Woche reflektieren.
	Arbeitstechniken einsetzen	Wenn ich einen Text gründlich lese und Wichtiges markiere, kann ich den Inhalt zusammenfassen.	Ich kann mit der *Lesemethode* einen Text bearbeiten und wichtige Informationen entnehmen, die ich anderen erläutern kann.	Ich kann einem Text wichtige Informationen entnehmen und sie anderen gut strukturiert darstellen, z.B. als *Mindmap*.
		Ich kann Bildern (z.B. Fotos, Grafiken) Informationen entnehmen, wenn ich Hinweise bekomme, worauf ich achten soll.	Ich kann Bildern wichtige Informationen entnehmen, wenn ich Aufgaben dazu bekomme, z.B. mit dem *Bilderrundgang*.	Ich kann Bildern selbstständig Informationen entnehmen und mir auf diese Weise ein Thema erarbeiten, z.B. mit dem *Bild-Text-Puzzle*.
	Indiv. / Koop. Methoden umsetzen	Ich kann mir individuell ein Thema erarbeiten, z.B. mit der *Lerntheke*.	Ich kann in verschiedenen Formen der Partnerarbeit ein Thema erarbeiten, z.B. mit dem *Lerntempoduett*.	Ich kann in verschiedenen Formen kooperativen Lernens ein Thema erarbeiten, z.B. mit dem *Gruppenpuzzle* oder dem *Stationenlernen*.

Dieses Kapitel umfasst:

- Arbeitstechniken
  - Tages-/Wochenplan als Planungsinstrument
  - Lesemethode
  - Mindmap
  - Bilderschließung
- Individuelle und kooperative Methoden
  - Drei einfache kooperative Methoden
  - Bilderrundgang (auch: Bilderrallye)
  - Bild-Text-Puzzle
  - Zitate-Jagd
  - Lerntheke
  - Stationenlernen
  - Gruppenpuzzle
  - Planspiel

Arbeitstechniken

Tages-/Wochenplan als Planungsinstrument

Mithilfe eines Tages- oder Wochenplans übernehmen die Lernenden die Verantwortung für ihr eigenes Lernen. Sie können ihre Arbeit weitgehend selbstständig vorbereiten, ihren Plan umsetzen, reflektieren und daraus Erkenntnisse für ihre weitere Arbeit gewinnen.

Beispiel: Tagesplanformular

Mein Tagesplan

Name: Datum:

Mein heutiges Ziel

Das möchte ich heute erreichen:

Dazu arbeite ich mit folgenden Materialien:

Blick zurück

☐ Ich habe alleine gearbeitet.

☐ Ich habe zusammengearbeitet mit:

Ich habe mein Ziel erreicht. ☺

zum Teil erreicht. 😐

nicht erreicht. ☹

Interessant war für mich:

Besonders gut gelungen ist mir:

Blick nach vorn

Daran werde ich weiter arbeiten:

Einsatzmöglichkeiten:

- Inhalte in allen Fächern erarbeiten

Sozialformen:

- individuelle Erstellung des Plans
- eventuell Austausch mit Lernpartnern und
- Beratung durch den Lernbegleiter

Beschreibung:

Die Lernenden setzen sich ein Ziel, das sie an dem betreffenden Tag bzw. in der Woche erreichen möchten, und teilen sich die Bearbeitung der entsprechenden Aufgaben in machbare Schritte ein.

Bei den Tages- oder Wochenplänen sind zwei Arten zu unterscheiden:

1. Der vorformulierte Plan, der in Pflicht- und Wahlaufgaben eingeteilt ist. Hier können die Lernenden sich als Ziel setzen, welche Aufgaben sie im vorgegebenen Rahmen bearbeiten wollen, in welcher Reihenfolge und in welcher Sozialform.
2. Der Plan als Blanko-Formular, der in Phasen offenen Unterrichts eingesetzt und von den Lernenden selbstständig ausgefüllt wird. Dazu ist erforderlich, dass sie über das zu bearbeitende Thema informiert werden oder sich selbstständig einen Überblick verschaffen und, wenn nötig, die Beratung eines Lernbegleiters in Anspruch nehmen können.

Am Ende der Woche kontrollieren sie, ob sie ihr Ziel erreicht haben und reflektieren eventuell mit Beratung durch den Lernbegleiter ihren Arbeitsprozess.

Anmerkungen:

Die Lernenden müssen in der Regel erst lernen, wie sie sich Ziele setzen können und wie sie ihre Arbeit selbstständig planen können. Sie müssen schrittweise an diese Arbeitsweise herangeführt werden und brauchen bei der Planung wie auch bei der abschließenden Reflexion immer wieder die Beratung des Lernbegleiters.

An vielen Schulen ist die Zeit für die Arbeit mit dem Wochenplan begrenzt, z.B. auf 2 Stunden täglich. Diese Phasen sind für den Lernbegleiter eine Entlastung, weil die Lernenden in diesen Phasen sehr selbstständig arbeiten. Dies ermöglicht es dem Lernbegleiter, sich einzelnen Lernern speziell zuzuwenden und sie gezielt zu beraten.

Materialien:

- ❑ vorformulierte Tages-/Wochenpläne oder Blanko-Formulare

Beispiel: Wochenplanformular

Mein Wochenplan 

Name: Woche vom bis

	Montag	Dienstag	Mittwoch	Donnerstag	Freitag
Fach/Fächer:					
Mein Tagesziel: Das möchte ich erreichen ...					
Dazu arbeite ich mit folgenden Materialien...					
Vielleicht arbeite ich auch zusammen mit ...					
Ich habe mein Tagesziel erreicht ...	☺ 😐 ☹	☺ 😐 ☹	☺ 😐 ☹	☺ 😐 ☹	☺ 😐 ☹
Interessant war für mich in dieser Woche ...					
Besonders gut gelungen ist mir ...					

Lesemethode

Mithilfe dieser Arbeitstechnik können die Lernenden sich weitgehend selbstständig ein neues Thema erarbeiten.

Einsatzmöglichkeiten:

- Inhalte erarbeiten in allen Fächern

Sozialformen:

- individuelle Bearbeitung eines Themas
- Austausch mit dem Lernpartner, eventuell auch in Kleingruppen

Beschreibung:

Lernende verschaffen sich individuell, soweit sie das können, einen Überblick über den Text: Überschrift und damit Thematik, Einleitung, Schlüsselwörter und Abschluss. Durch die Formulierung von Fragen an den Text wird ihnen differenzierter deutlich, um was es geht.
Bevor die Lernenden wichtige Textstellen markieren, müssen sie den Text gründlich lesen, weil sie sonst zu viele Stellen anstreichen. Vor dem Mar-

kieren können die Lernenden sich in Partnerarbeit austauschen, ob sie den Text richtig verstanden haben, und was sie für so wichtig halten, dass es hervorgehoben werden muss.
Das Markieren ist die Grundlage für die Zusammenfassung und/oder die Strukturierung des Textes, z.B. in Form einer Mindmap.

Anleitung für Anfänger: Im Dreierschritt

1. **Lies den Text gründlich** durch, wenn erforderlich, manche Textstellen auch mehrmals.
2. Wenn du den Text verstanden hast, kannst du die wichtigsten Textstellen **markieren**. Lass dir genügend Zeit, damit du **nicht zu viel** markierst.*
3. Schreibe eine **Zusammenfassung** des Textes.

Anleitung für Fortgeschrittene: Im Fünferschritt

1. Verschaffe dir zuerst einen groben Überblick: Du **überfliegst** die Überschrift und die einzelnen Abschnitte, damit du weißt, um was es geht.
2. Stelle dir **Fragen**:
   a) Um welches Thema geht es?
   b) Welche Personen/Ereignisse etc. kommen vor?
   c) Was will der Text mir mitteilen?
3. Jetzt musst du den Text **gründlich lesen**, manche Textstelle sicher mehrmals.
4. Wenn du den Text verstanden hast, kannst du die wichtigsten Textstellen **markieren**. Lass dir genügend Zeit, damit du **nicht zu viel** markierst.*
5. Erstelle nach gründlichen Überlegungen eine Gliederung des Textes, z.B. in Form einer **Mindmap.**
   Eventuell: Schreibe eine **Zusammenfassung** des Textes.

**Wenn nicht markiert werden kann:*
Statt 2. bzw. 4.: Wenn du den Text verstanden hast, schreibst du die wichtigsten Wörter auf ***Haftnotizzettel*** *und klebst sie an den Rand. Anschließend verwendest du die Zettel, um die Gliederung zu erstellen.*

Anmerkungen:
Vielen Lernenden fehlt das richtige Handwerkszeug, um einen Zugang zu einem Text zu bekommen. Die aufgezeigten Schritte sollen daher eine Hilfestellung dazu geben.
Diese Technik muss intensiv eingeübt und wiederholt werden. Die Kenntnis dieses Vorgehens erleichtert die Arbeit mit Texten in allen Fächern.

Variante mit Think – Pair – Share:

Texterschließung

Think: Bearbeite den Text zuerst für dich allein und notiere dir wichtige Begriffe.

Pair: Auf ein Zeichen von mir suchst du dir einen Partner. Besprecht, was ihr notiert habt und vergewissert euch, ob ihr den Text richtig verstanden habt.
Sucht euch ein weiteres Paar, stellt euch gegenseitig eure Ergebnisse vor und schreibt eine Zusammenfassung des Textes.

Share: Stellt im Plenum euer Ergebnis vor.

Materialien:
- ❑ verschiedene Arten von Texten
- ❑ Buntstifte in verschiedenen Farben oder Textmarker zum Markieren

Beispiel: Info-Plakat zur Methode, von Lernenden der Klasse 9 erstellt

Kenntnisse

Mindmap

Die Lernenden erarbeiten sich möglichst selbstständig ein neues Thema und können mithilfe der Mindmap eine Struktur dazu entwickeln.

Einsatzmöglichkeiten:

- Inhalte erarbeiten in allen Fächern
- Informationen strukturieren
- eine Übersicht über ein Themengebiet geben

Sozialformen:

- individuelle Bearbeitung eines Themas
- eventuell Austausch in Kleingruppen und gemeinsame Entwicklung einer Struktur

Beschreibung:

Die Lernenden schreiben das Thema, das sie bearbeiten wollen, in die Mitte auf ein DIN-A4- oder DIN-A3-Blatt. Von dieser Mitte aus zeichnen sie Äste nach den verschiedenen Seiten, auf die sie die Hauptgedanken notieren. Diese Äste verzweigen sich weiter, sodass weitere Untergliederungen möglich werden.
So entsteht die klar erkennbare Struktur eines Themas. Durch unterschiedliche Farben für die Hauptäste, u. U. auch durch Bilder oder Symbole, können die Lernenden die Struktur noch deutlicher herausstellen.

Anmerkungen:

Mindmapping ist eine Darstellungsweise, die der Arbeitsweise des menschlichen Gehirns entspricht. Der rechten Gehirnhälfte sind Farben, Symbole, Bilder zugeordnet, der linken Gehirnhälfte entspricht das Strukturieren.
Von Vorteil für die Lernenden ist, dass sie jederzeit neue Aspekte ergänzen können, schneller und kreativer als bei herkömmlichen Methoden.
Es gibt viele verschiedene Arten, Mindmaps zu gestalten. Jeder Lernende wird mit der Zeit seine eigene Art entwickeln.

Materialien:

- ❑ DIN-A4-Blätter, bei umfangreicheren Themen auch DIN-A3-Blätter
- ❑ Stifte in verschiedenen Farben
- ❑ eventuell passende Bilder bzw. Symbole

Beispiel: Mindmap zu Elementen der Textbeschreibung

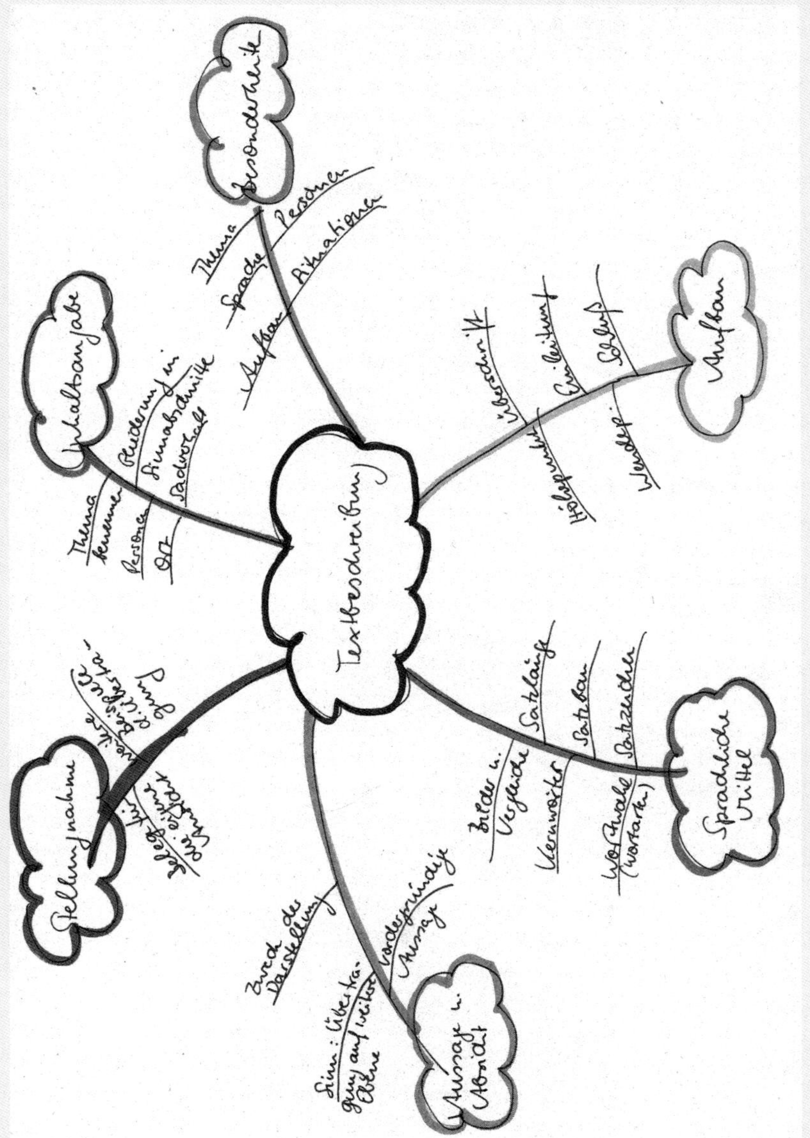

Kenntnisse

Bilderschließung

Mithilfe von Bildern verschiedenster Art können die Lernenden sich weitgehend selbstständig ein neues Thema erarbeiten.

Einsatzmöglichkeiten:

- Inhalte erarbeiten in allen Fächern
- Vorwissen aktivieren
- Inhalte präsentieren

Sozialformen:

- individuelle und kooperative Arbeitsformen

Beschreibung:

Die Lernenden verschaffen sich zunächst individuell einen Zugang zu einem Bild, indem sie genau betrachten, was darauf zu erkennen und wie das Bild aufgebaut ist. Dies kann mündlich oder schriftlich geschehen.
Erst im folgenden Schritt überlegen sie:

- Was könnte das Bild für eine Bedeutung haben?
- Was soll damit vermittelt werden?
- Wie wird das erreicht?
- In welchen Zusammenhang ist es einzuordnen?

Hierzu kann es erforderlich sein, dass die Lernenden zu dem Bild entsprechende Informationen bekommen.
Es können sich folgende Überlegungen anschließen:

- Welche Gefühle löst das Bild in mir aus?
- Was empfinde ich daran positiv oder negativ?
- Was hat sich mir besonders eingeprägt?

Anmerkungen:

Es gibt unterschiedliche Arten von Bildern, die im Unterricht eingesetzt werden können: Fotos, Gemälde, Zeichnungen, Comics, Schaubilder etc. Sie dienen der Veranschaulichung bestimmter Sachverhalte, sind leichter aufzunehmen als Texte und prägen sich besser ein.
Es gibt viele verschiedene Methoden für den Einsatz von Bildern im Unterricht; einige davon werden in diesem Buch beschrieben.

Materialien:

- ❑ verschiedene Arten von Bildern
- ❑ Platz zum Aushängen, Auslegen oder Projizieren

Anleitung für Lernende:

Bilderschließung

Konzentriere dich erst einmal auf das Bild und betrachte es in aller Ruhe.

- Verschaffe dir einen Überblick: Was kannst du auf dem Bild erkennen? Wie ist es aufgebaut?
- Was soll mit dem Bild verdeutlicht werden? Wie wird das erreicht?
- In welchen Zusammenhang ist das Bild einzuordnen?
- Welche Gefühle löst das Bild in dir aus? Was empfindest du als positiv/negativ?
- Was hat sich bei dir besonders eingeprägt?

***Tipps** für alle, die selbst Bildkarteien erstellen wollen:*
Aus einem Tonkartonbogen von 50 x 70 cm lassen sich zwei Bildposter herstellen.
Von der Fläche von 50 x 35 cm stehen 35 x 35 cm für das Bild zur Verfügung, 15 cm können eingeklappt und unten leicht angeschrägt werden, sodass sich das Poster aufstellen lässt.
In die seitliche Klappe können Informationen und Aufgaben eingeklebt werden.

Geeignet sind jede Art von Bildern aus Schul- und Fachbüchern, Zeitschriften und Zeitungen, die eingescannt, ausgedruckt, eventuell noch auf DIN-A3-Format hochkopiert und aufgeklebt werden.

Individuelle und kooperative Methoden

Drei einfache kooperative Methoden

Die Lernenden setzen vielfältige Formen des kooperativen Lernens ein, um sich ein neues Thema zu erarbeiten. Sie übernehmen damit Verantwortung für ihr eigenes Lernen wie für das des Lernpartners.

Einsatzmöglichkeiten:

- Inhalte erarbeiten in allen Fächern mithilfe von Bildern, Texten, Modellen usw.
- üben und vertiefen von Inhalten

Methoden:[25]

Wechselseitiges Lesen und Zusammenfassen

Partnerarbeit: Jeder bearbeitet den Text erst für sich allein, dann liest A den ersten Abschnitt des Textes vor, B hört zu und fasst dann das Gehörte zusammen, A korrigiert, wenn erforderlich. Beim nächsten Abschnitt wechseln die Rollen. Danach können die Lernenden gemeinsam eine Zusammenfassung erstellen.

Lerntempoduett

Benötigt werden zwei verschiedene Texte 1 und 2 mit Aufgaben. Die eine Hälfte der Lernenden bekommt Text 1, die andere Text 2.

Jeder bearbeitet den Text erst für sich allein, markiert wichtige Stellen oder macht sich Notizen. Wer fertig ist, steht auf und signalisiert mit der Anzahl der Finger, ob er sich zum eigenen Text austauschen oder bereits über den anderen Text informiert werden möchte. Er trifft sich mit einem Mitschüler, der genauso weit ist, und tauscht sich mit ihm aus. Jeder kann also in seinem eigenen Tempo arbeiten.

Wer schon beide Texte beherrscht, holt sich anschließend weitere Texte oder Aufgaben und kann wiederum mit der Anzahl der Finger signalisieren, an was er arbeiten möchte.

Es muss vorher festgelegt werden, ob die Kenntnis eines Textes ausreicht oder ob die Texte 1 und 2 von allen beherrscht werden müssen.

25 Brüning/Saum: Kooperatives Lernen, S. 5 ff.

Partnerpuzzle
Von vier Lernenden erhalten zwei Aufgabe A und zwei Aufgabe B.
Jeder bearbeitet die Aufgabe erst für sich allein, dann arbeiten diejenigen zusammen, die die gleiche Aufgabe hatten (A und A bzw. B und B), tauschen sich aus und korrigieren sich falls nötig.
Im nächsten Schritt kommen diejenigen zusammen, die verschiedene Aufgaben hatten (jeweils A und B). Sie erläutern ihrem jeweiligen Gegenüber die neue Aufgabe und beantworten Fragen, bis beide die verschiedenen Aufgaben verstanden haben.

Bilderrundgang (auch: Bilderrallye)

Mithilfe von Bildern erarbeiten sich die Lernenden mit vorgegebenen Aufgabenstellungen weitgehend selbstständig ein neues Thema.

Einsatzmöglichkeiten:

- Inhalte erarbeiten in allen Fächern
- Vorwissen aktivieren

Sozialformen:

- individuelle und kooperative Arbeitsformen

Beschreibung:

Die Bilder werden an mehreren Stellen im Raum ausgehängt. Die Lernenden verteilen sich auf die Bilder und betrachten sie unter bestimmten Aufgabenstellungen, die entweder den Bildern beigefügt sind oder als Arbeitsblatt den Schülern ausgeteilt werden. So verschaffen sie sich einen Überblick über ein Thema. Nach einigen Minuten wechseln die Lernenden auf ein Zeichen hin zum nächsten Bild.
Anschließend ordnet sich jeder einem Bild zu. Die Lernenden können auch eine Nummer für die Zuteilung der Bilder ziehen.
Jede Gruppe bearbeitet die Aufgaben zu ihrem Bild, strukturiert sie und präsentiert sie anschließend z.B. auf einer OHP-Folie oder einem Plakat.

Anmerkungen:

Bilder prägen sich bei den meisten gut ein, viele Schulbücher enthalten hierzu geeignetes Material. Von Vorteil ist es, wenn die Lernbegleiter Bilder in größeren Formaten, z.B. im DIN-A3-Format, zur Verfügung stellen können, die sie leicht selbst herstellen können.[26]

In ein Arbeitsblatt oder in einen Lückentext, auf dem die Bilder in kleinerem Format abgebildet sind, können die Lernenden die wichtigsten Informationen aus den Präsentationen eintragen.

Bilder und Texte können auch als Teil einer Lerntheke oder eines Stationenlernens eingesetzt werden.

Materialien:

- ❑ Bilder, Grafiken etc. zu thematischen Einheiten mit Untertiteln
- ❑ passende Informationstexte aus Schulbüchern und anderer Fachliteratur
- ❑ eventuell Arbeitsblatt, z.B. Lückentext für jeden Teilnehmer mit Bildern im Kleinformat

Anleitung für Lernende:

Bilderrundgang

- An den Wänden hängen verschiedene Bilder. Ordne dich einem der Bilder zu. Achte darauf, dass ihr euch dabei möglichst gleichmäßig verteilt.
- Betrachte das Bild, ohne mit anderen darüber zu reden.
- Auf ein Zeichen wechselst du im Uhrzeigersinn zum nächsten Bild weiter, bis du alle Bilder angesehen hast.
- Anschließend ordnest du dich einem Bild zu. Ihr tauscht euch mit denen, die das gleiche Bild gewählt haben, über eure Gedanken aus und bearbeitet die vorbereiteten Aufgaben.
- Eure Gruppe präsentiert das Ergebnis, z.B. auf Folie oder auf einem Plakat.

Kenntnisse

26 s. Arbeitstechnik: Bilderschließung

Beispiel: Info-Plakate zur Methode für Lernende, von Teilnehmern einer Lehrerfortbildung erstellt

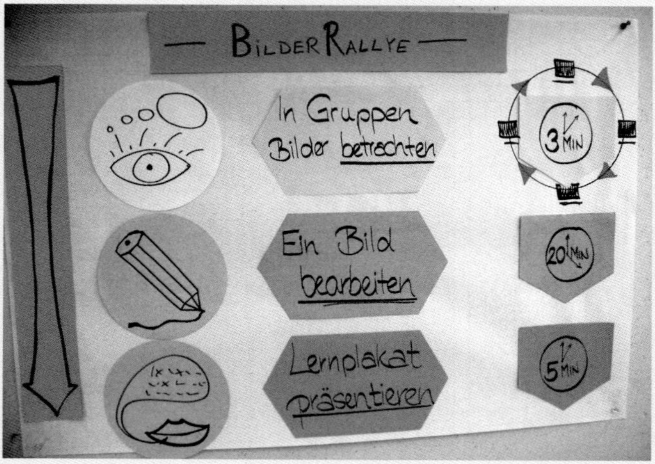

Bild-Text-Puzzle

Mithilfe von Bildern, Bilduntertiteln und Textinformationen erarbeiten sich die Lernenden weitgehend selbstständig ein neues Thema.

Einsatzmöglichkeiten:

- Inhalte erarbeiten bei Themen, bei denen sich Bilder und Texte gut kombinieren lassen
- Bilder als Unterstützung für das Einprägen von Informationen einsetzen

Sozialformen:

- individuelle und kooperative Arbeitsformen

Beschreibung:

Die Lernenden bilden einen Sitzkreis. Auf dem Boden werden Bilder zu einem Thema ausgelegt. Zu den Bildern gehören Untertitel und Informationstexte, die an der Tafel oder Pinnwand hängen oder auch ausgelegt werden können.

Es gibt verschiedene Vorgehensweisen:

1. Die Lernenden betrachten die Bilder und bringen sie in eine sinnvolle Reihenfolge. Anschließend ordnen sie die Untertitel und Texte den Bildern zu. Sie diskutieren das Ergebnis und korrigieren es, falls erforderlich.
2. Die Lernenden ordnen Untertitel und Texte den Bildern zu. Anschließend entwickeln sie eine sinnvolle Reihenfolge oder Struktur. Sie diskutieren das Ergebnis und korrigieren es, falls erforderlich.

Die Lernenden bearbeiten die Texte und die Bilder in Partner- oder Gruppenarbeit. Das Ergebnis stellen sie im Plenum vor.

Anmerkungen:

Bilder prägen sich bei den meisten gut ein, viele Schulbücher enthalten hierzu geeignetes Material. Von Vorteil ist es, wenn die Lernbegleiter Bilder in größeren Formaten, z.B. im DIN-A3-Format, zur Verfügung stellen können, die sie leicht selbst herstellen können.[27]

Kenntnisse

27 s. Arbeitstechnik: Bilderschließung

In ein Arbeitsblatt oder in einen Lückentext, auf dem die Bilder in kleinerem Format abgebildet sind, können die Lernenden die wichtigsten Informationen aus den Präsentationen eintragen.
Bilder und Texte können auch als Teil einer Lerntheke oder eines Stationenlernens eingesetzt werden.

Materialien:

- ❑ Bilder, Grafiken etc. zu thematischen Einheiten mit Untertiteln
- ❑ passende Informationstexte aus Schulbüchern und anderer Fachliteratur
- ❑ eventuell ein Arbeitsblatt, z.B. ein Lückentext für jeden Lernenden mit den Bildern im Kleinformat

Beispiel: Bild-Text-Puzzle zur Ideologie des Nationalsozialismus
Die Bilder gehören zur selbst erstellten Bildkartei zum Geschichtsunterricht. Die Texte entstammen verschiedenen Geschichtsbüchern.

- Jedem Bild werden die Bildunterschrift und der passende Text zugeordnet.
- Allein, zu zweit oder zu dritt wird über das Bild und den Text referiert

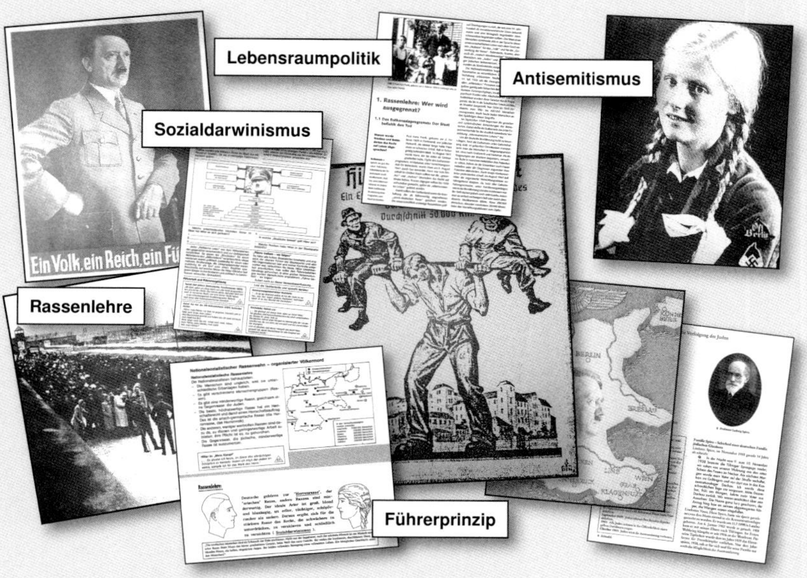

Arbeitsblatt für die Lernenden zum Eintragen der Gruppenergebnisse:

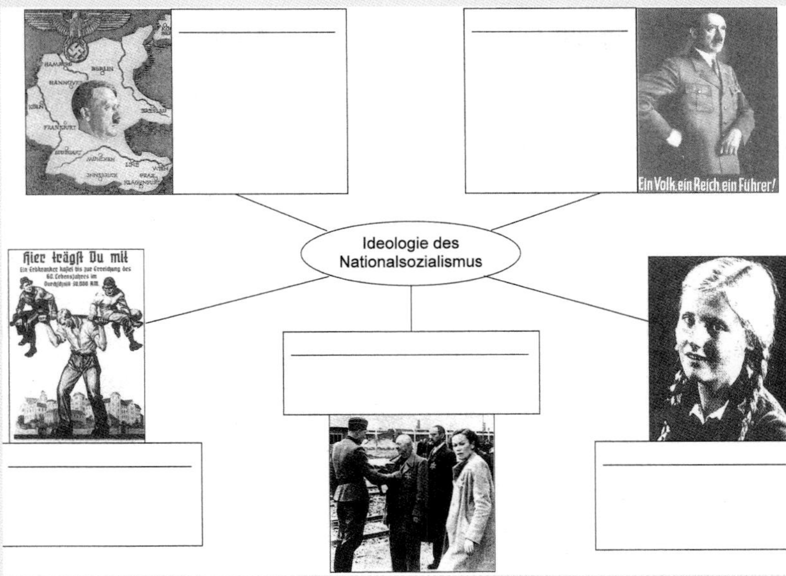

Beispiel: Bild-Text-Puzzle zur Biografie von Kurt Schumacher

- Die Bilder werden nach den Nummern in der richtigen Reihenfolge sortiert.
- Die Textstreifen werden zugeordnet.
- Der Lückentext zum Leben Kurt Schumachers kann ergänzt werden.

Kurt Schumacher: 13.10.18.... – 20.08.19...

Kurt Schumacher ist in .... an der Weichsel geboren. Das

t er 1914 mit dem .... und meldet
.... 19.... verliert er den ....
ert er Rechtswissenschaften

18 in die .... ein. Er wir
d gehört 7 Jah

Mit „rigorosem Humor" gesegnet: Annemarie Renger, Sekretärin, Reisebegleiterin und Krankenschwester, engste Vertraute und Gefährtin Kurt Schumachers vom Juni 1945 bis zu seinem Tod im August 1952: „Man kann einen Arm und ein Bein durch die Hilfe eines Partners ersetzen, der in der Lage ist, dies zu überspielen."

Von 1930 bis
erregt er mit einer
.... bekannt macht.

Stationen seines fast 12 jährigen Leidenswegs

...................." Heuberg und
....

Ab 1945 widmet Schumacher sich dem Wiederaufbau der SPD und wird 1946 zum Vorsitzenden gewählt. In Hannover: Kurt Schumacher mit seinen engsten Mitarbeitern (von links) Egon Franke, Erich Ollenhauer, Alfred Nau und Fritz Heine. Sie sind Freunde, auf die er sich absolut verlassen kann und die ihm auch in schweren Jahre die Treue halten. Ihr Versuch eines Trostes bei seiner Beinamputation: „Kurt, die Partei braucht deinen Kopf und nicht dein Bein."

.... der SPD
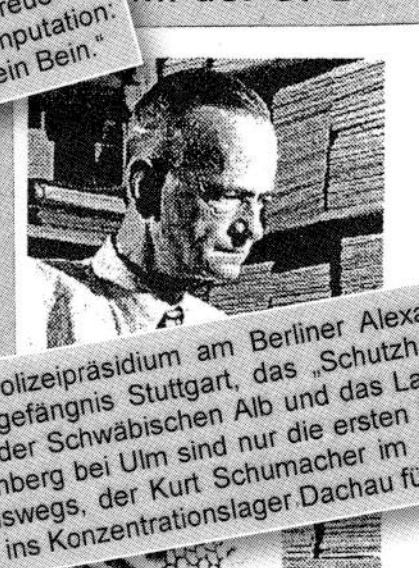
....
eiterin, Kranken-
raute und ....
.... gehört er nur kurz dem Parlamentarischen Rat an, der ab 1948 das Grundgesetz erarbeitet.

Kurt Schumacher wird 1949 in den .
gewählt. Als Oppositionsführer wird
schärfsten Kritiker .... ,
weniger die Verständigung mit dem ....
sucht, sondern vielmehr die Integration
Deutschlands in die ....

Das Gefängnis im Polizeipräsidium am Berliner Alexanderplatz, das Polizeigefängnis Stuttgart, das „Schutzhaft-Lager" Heuberg auf der Schwäbischen Alb und das Lager auf dem Oberen Kuhberg bei Ulm sind nur die ersten Stationen eines Leidenswegs, der Kurt Schumacher im April 1935 für acht Jahre ins Konzentrationslager Dachau führt.

Am 20.08.19... stirbt Kurt Schumacher im Alter von .... Jahren.

Ein Bild, dass mich besonders beeindruckt:
Was sich mir von seinem Leben besonders eingeprägt hat:

Zitate-Jagd

Die Lernenden erarbeiten sich mithilfe ausgewählter Zitate möglichst selbstständig ein neues Thema.

Einsatzmöglichkeiten:

- Zusammenhänge herstellen
- chronologische Abfolgen nachvollziehen
- Personen charakterisieren
- bereits bekannte Inhalte vertiefen

Sozialformen:

- individuelles und kooperatives Arbeiten

Beschreibung:

1. Aus einer Lektüre oder einem Schulbuch sucht der Lernbegleiter Zitate heraus, stellt sie auf einem Arbeitsblatt zusammen und kopiert das Blatt für die Lernenden. Die Aufgabe besteht darin herauszufinden,
   a) in welchen Zusammenhang das jeweilige Zitat gehört,
   b) was das Zitat bedeutet und
   c) eventuell die Zitate in eine richtige bzw. sinnvolle Reihenfolge zu bringen.
2. Die Lernenden stellen selbst Zitate für andere zusammen. Das Vorgehen ist dasselbe wie unter a) beschrieben

Anmerkungen:

Die Methode erfordert eine intensive Beschäftigung mit den ausgewählten Texten, denen die Zitate entstammen, und kann so zu einem besseren Verständnis der Inhalte führen. Wichtig ist, dass die Lernenden das Ergebnis in der Kleingruppe besprechen und damit gegenseitig überprüfen, ob sie alles richtig verstanden haben.
Anschließend können die Lernenden mit eigenen Worten dazu einen zusammenhängenden Text schreiben und im Plenum vortragen.

Materialien:

- ❑ Liste mit Zitaten in Kopie für jeden Lernenden
- ❑ für jeden das Schulbuch oder die Lektüre, denen die Zitate entnommen wurden

Beispiel: L. E. Andersen, Hexenfieber
Suche im Buch „Hexenfieber“ von Leif Esper Andersen die folgenden Zitate heraus und bearbeite die Aufgaben:

Textstelle	Seite	Bedeutung/Übertragung
Blindlings rannte es weiter, fort, nur fort ... Er floh ...	5	
Er fiel vornüber, schlug auf ...	8	
Dann, endlich, konnte er weinen.	13	
Auch Esben hatte sich verändert.	60	
Biegsam werden ohne zu zerbrechen – ...	61	

Lerntheke

Die Lernenden erarbeiten selbstständig ein neues Thema, indem sie sich entsprechend den Aufgaben die Materialien auf ihren Platz holen und diese bearbeiten.

Einsatzmöglichkeiten:

- Inhalte erarbeiten in allen Fächern mithilfe von Bildern, Texten, Modellen usw.
- üben und vertiefen von Inhalten

Sozialformen:

- individuelle und/oder kooperative Bearbeitung eines Themas

Beschreibung:

An mehreren Tischen im Raum oder auf den Fensterbänken werden die Materialien zu verschiedenen Arbeitsschwerpunkten eines Themas ausgelegt. Auch Computerarbeitsplätze sollten nach Möglichkeit einbezogen werden. Jede Station umfasst das Arbeitsmaterial und die dazugehörigen Aufgaben. Auf einem Übersichtsplan ist zu erkennen, ob es Pflicht- und Wahlaufgaben gibt.
Die Lernenden holen sich das Material auf ihren Platz und bearbeiten es allein, mit einem Partner oder in Kleingruppen. Für die Kontrolle gibt es even-

tuell Lösungsblätter, mit denen die Lernenden sich selbst oder sich auch gegenseitig überprüfen können.

Anmerkungen:

Die Lerntheke ist eine Form des Stationenlernens, allerdings einfacher zu organisieren. Die Lernenden können ihren Platz im Klassenzimmer beibehalten und auch allein auswählen, was sie bearbeiten möchten, wenn sie nicht in Gruppen arbeiten wollen.
Während beim Stationenlernen meist in Gruppen gearbeitet wird, ist hier individuelles wie auch kooperatives Arbeiten möglich. Die Materialien unterliegen den gleichen Anforderungen wie beim Stationenlernen. Die Erstellung ist erst einmal recht aufwändig, doch können hierfür auch Materialien vom Stationenlernen, vom Bild-Text-Puzzle und die Karten von der Bildkartei eingesetzt werden.

Materialien:

- ❑ Arbeitsmaterial für die Stationen, eventuell mit Aufgabenblättern
- ❑ Kontrollbogen
- ❑ Übersicht über Pflicht- und Wahlstationen

Beispiel: Thema „Rechtschreibung“ im Deutschunterricht

Vorausgegangen ist eine Fehleranalyse, sodass die Teilnehmer wissen, was sie sich schwerpunktmäßig erarbeiten müssen.

Vorhandene Materialien:

- ❑ 6 Kästen mit Schnippeldiktaten
- ❑ 6 Hördiktate (möglichst am PC zu bearbeiten)
- ❑ 6 Laufdiktate
- ❑ 12 Mappen mit Trainingsblättern zur Rechtschreibung und Zeichensetzung
- ❑ 6 Kartons mit verschiedenen Arten von Aufgaben

Pflicht:

- ❑ 4 Diktate
- ❑ 8 Trainingsblätter
- ❑ 3 Aufgaben aus den Kartons

Für diese Lerntheke wurde das Material eines Verlages zugrunde gelegt, das schon gut vorbereitet war. Dennoch war noch einiges selbst herzustellen, zu zerschneiden, zu laminieren und in Kartons und Mappen zu verpacken. Vor allem sollte das Material ansprechend gestaltet sein und Interesse wecken.

Stationenlernen

Die Lernenden erarbeiten sich in Kleingruppen weitgehend selbstständig ein neues Thema. An den verschiedenen Stationen steht ihnen dafür vorbereitetes Material zur Verfügung.

Einsatzmöglichkeiten:

- Inhalte erarbeiten in allen Fächern
- üben und vertiefen von Inhalten

Sozialformen:

- zuerst individuelle, dann kooperative Bearbeitung eines Themas

Beschreibung:

An mehreren Gruppentischen im Raum werden Lernstationen eingerichtet, z.B. mit Bildern, Texten, Modellen, Experimenten. An jeder Station befinden sich das Arbeitsmaterial und eine Karte mit Namen oder Nummer der Station. Die Stationen können unabhängig voneinander bearbeitet werden, bauen also nicht aufeinander auf.
Auf einem Plakat oder auf einer OHP-Folie wird ein Übersichtsplan gezeigt. Es werden Pflicht- und Wahlstationen angeboten.
Die Lernenden bilden Arbeitsgruppen mit 3 bis 5 Mitgliedern und verteilen sich auf die Stationen. Sie bearbeiten die Aufgaben und wechseln anschließend weiter zu einer freien Station.

Anmerkungen:

Das Arbeitsmaterial muss dem Leistungsvermögen der Lernenden entsprechen, die verschiedenen Zugangskanäle berücksichtigen und darf nicht zu umfangreich sein.
Da die einzelnen Gruppen für die Bearbeitung der Stationen unterschiedlich viel Zeit benötigen, ist eine Zeitvorgabe für die Bearbeitung wenig sinnvoll. Deshalb muss es mehr Stationen als Gruppen geben. So können alle Grup-

pen die Aufgaben in ihrem Tempo bearbeiten. Für den Fall, dass es Engpässe geben sollte, kann als „Puffer" auch eine Bewegungs- oder eine Verpflegungsstation integriert sein. Beide sind meist sehr beliebt.
Die Lernenden können an den einzelnen Stationen Aufgabenblätter bekommen oder Hefteinträge verfassen. Sie können auch einen Laufzettel für alle Stationen bekommen.
Je nach Fach und Aufgabenstellung kann es Kontrollbogen geben, mit denen die Gruppen überprüfen können, ob ihre Ergebnisse stimmen, oder die Ergebnisse werden im Plenum vorgestellt und besprochen.

Materialien:

- ❑ Gruppentische mit Arbeitsmaterial für die Stationen, eventuell mit Aufgabenblättern
- ❑ Karten mit Name oder Nummer der Station
- ❑ Kontrollbogen
- ❑ Übersicht über die Stationen auf Folie oder Plakat

Beispiel: Übersicht über die Stationen zum Thema „Ära Adenauer" und zwei Beispielstationen

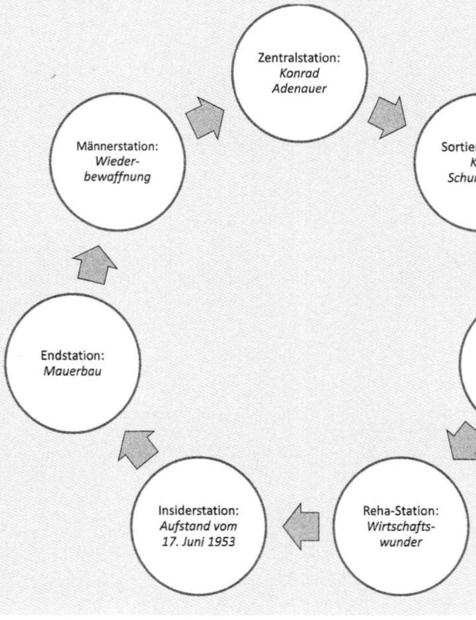

Kenntnisse

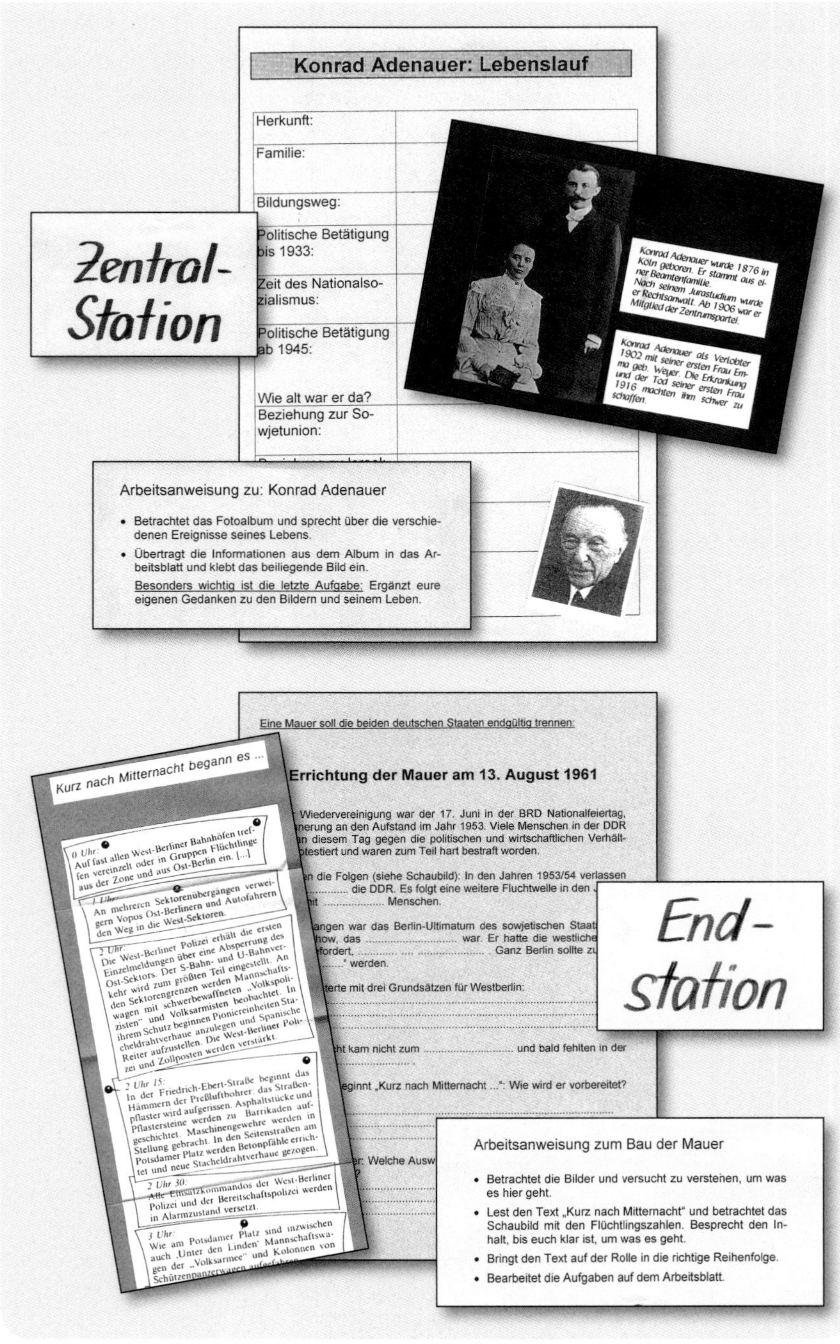
Konrad Adenauer: Lebenslauf
Herkunft:
Familie:
Bildungsweg:
Politische Betätigung bis 1933:
Zeit des Nationalsozialismus:
Politische Betätigung ab 1945:
Wie alt war er da?
Beziehung zur Sowjetunion:
Zentral-Station
Konrad Adenauer wurde 1876 in Köln geboren. Er stammt aus einer Beamtenfamilie. Nach seinem Jurastudium wurde er Rechtsanwalt. Ab 1906 war er Mitglied der Zentrumspartei.
Konrad Adenauer als Verlobter 1902 mit seiner ersten Frau Emma geb. Weyer. Die Erkrankung und der Tod seiner ersten Frau 1916 machten ihm schwer zu schaffen.
Arbeitsanweisung zu: Konrad Adenauer
• Betrachtet das Fotoalbum und sprecht über die verschiedenen Ereignisse seines Lebens.
• Übertragt die Informationen aus dem Album in das Arbeitsblatt und klebt das beiliegende Bild ein.
Besonders wichtig ist die letzte Aufgabe: Ergänzt eure eigenen Gedanken zu den Bildern und seinem Leben.
Eine Mauer soll die beiden deutschen Staaten endgültig trennen:
Errichtung der Mauer am 13. August 1961
Kurz nach Mitternacht begann es ...
0 Uhr: Auf fast allen West-Berliner Bahnhöfen treffen vereinzelt oder in Gruppen Flüchtlinge aus der Zone und aus Ost-Berlin ein. [...]
An mehreren Sektorenübergängen verweigern Vopos Ost-Berlinern und Autofahrern den Weg in die West-Sektoren.
2 Uhr 15: In der Friedrich-Ebert-Straße beginnt das Hämmern der Preßluftbohrer: das Straßenpflaster wird aufgerissen. Asphaltstücke und Pflastersteine werden zu Barrikaden aufgeschichtet. Maschinengewehre werden in Stellung gebracht. In den Seitenstraßen am Potsdamer Platz werden Betonpfähle errichtet und neue Stacheldrahtverhaue gezogen.
2 Uhr 30: Alle Einsatzkommandos der West-Berliner Polizei und der Bereitschaftspolizei werden in Alarmzustand versetzt.
3 Uhr: Wie am Potsdamer Platz sind inzwischen auch ‚Unter den Linden' Mannschaftswagen der „Volksarmee" und Kolonnen von Schützenpanzerwagen aufgefahren.
End-station
Arbeitsanweisung zum Bau der Mauer
• Betrachtet die Bilder und versucht zu verstehen, um was es hier geht.
• Lest den Text „Kurz nach Mitternacht" und betrachtet das Schaubild mit den Flüchtlingszahlen. Besprecht den Inhalt, bis euch klar ist, um was es geht.
• Bringt den Text auf der Rolle in die richtige Reihenfolge.
• Bearbeitet die Aufgaben auf dem Arbeitsblatt.

Gruppenpuzzle

Die Lernenden bearbeiten erst individuell einen Teilbereich eines neuen Themas, dann bearbeiten sie diesen Bereich in der Expertengruppe. Anschließend informieren sie sich gegenseitig über die verschiedenen Teilthemen.

Einsatzmöglichkeiten:

- Inhalte erarbeiten in allen Fächern
- üben und vertiefen von Inhalten

Sozialformen:

- erst individuelle, dann kooperative Bearbeitung des Themas in Kleingruppen

Beschreibung:

Die Lernenden teilen sich in Stammgruppen mit 4 bis maximal 6 Mitglieder auf. Die Zahl der Gruppenmitglieder richtet sich nach der Zahl der Teilbereiche, in die ein Thema untergliedert ist. In den Stammgruppen verteilen die Lernenden die vorgegebenen Teilbereiche. Jeder wird für einen Bereich Experte.
Anschließend bilden alle zukünftigen Experten mit jeweils dem gleichen Teilbereich die Expertengruppen und erarbeiten ihr Spezialgebiet.
Danach kehren sie in ihre jeweiligen Stammgruppen zurück und informieren die übrigen Lernenden über ihren Teilbereich, sodass anschließend alle Mitglieder der Stammgruppe über die Teilthemen Bescheid wissen.

Stammgruppen:

Expertengruppen:

Stammgruppen:

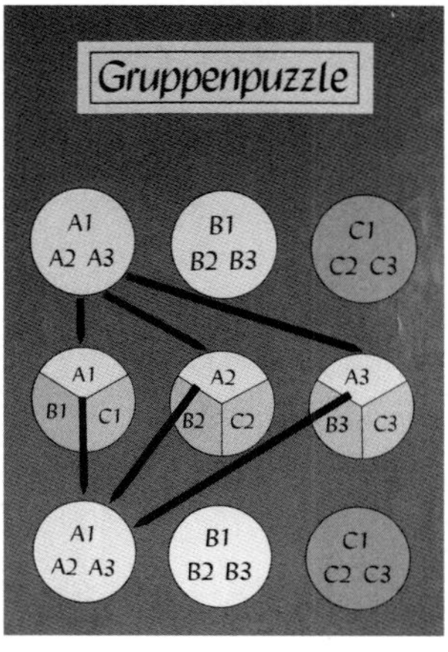

Anmerkungen:

Das Thema muss sich in Teilgebiete aufteilen lassen, die in annähernd der gleichen Zeit zu bewältigen sind. Sie müssen dem Leistungsvermögen der Lernenden angepasst und dürfen nicht zu umfangreich sein. Zum Abschluss können die Lernenden ein Arbeitsblatt mit Aufgaben zu den Themen bekommen. Problematisch für die Bearbeitung der Themen ist die Zeitvorgabe, da nicht alle die gleiche Zeit benötigen. Das wird allerdings durch das kooperative Arbeiten ausgeglichen.

Mögliche Varianten:

- In jeder Stammgruppe übernehmen jeweils zwei Lernende das gleiche Spezialgebiet, sodass sie zu zweit die Gruppe informieren können.
- Eine Großgruppe von 30 Lernenden wird in zwei Gruppen mit je 15 Mitgliedern eingeteilt. In beiden Gruppen werden die gleichen Themen ausgegeben. Da es nun zu jedem Thema zwei Expertengruppen gibt, können diese u. U. anschließend in einen Wettbewerb, z. B. ein Quiz, einsteigen.

Materialien:

- ❑ in gleichwertige Teilgebiete untergliedertes Thema (aus dem Schulbuch oder als Kopie)

Anleitung für Lernende:

1. Treffen in den Stammgruppen: **Zeit: 5 Minuten**
   - Zuerst wählt ihr den Gruppensprecher und den Zeitwächter.
   - Dann verteilt ihr das Material auf die Gruppenmitglieder.
   - Der Gruppenleiter ist dafür zuständig, dass alles gleichmäßig verteilt wird.
2. Erarbeitung in den Expertengruppen: **Zeit: 20 Minuten**
   - Jeder bearbeitet das Material zuerst allein und macht sich Notizen.
   - Anschließend besprecht ihr das Thema in der Gruppe und erstellt gemeinsam eine Zusammenfassung (eventuell als Mindmap), die jeder notiert.
   - Vergewissert euch, dass jeder das Thema richtig verstanden hat.

3. Austausch in den Stammgruppen: **Zeit: 3 Minuten pro Thema**
   - Jeder hat ca. 3 Minuten Zeit, den anderen das Thema zu erklären (Zeitwächter!).
   - Anschließend macht ihr euch Notizen.
   - Vergewissert euch, dass alle die Themen wirklich verstanden haben (Gruppensprecher!).

Beispiel: Info-Plakat zur Methode für Lernende, von Teilnehmern einer Lehrerfortbildung erstellt

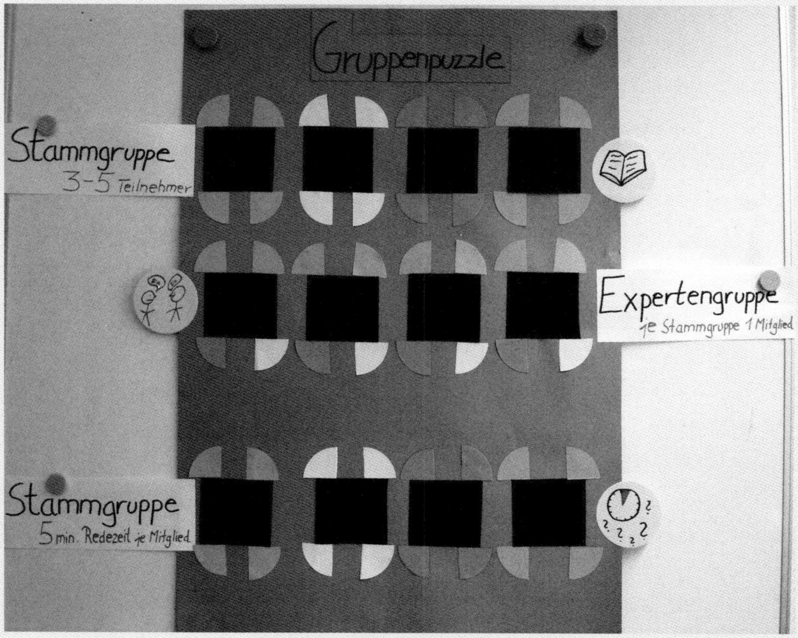

Planspiel

Die Lernenden erarbeiten sich zu einem Thema einen Standpunkt, den sie in einer Diskussionsrunde vertreten sollen, in der unterschiedliche Interessen aufeinanderstoßen.

Einsatzmöglichkeiten:

- sich mit aktuellen Ereignissen auseinandersetzen
- Erfahrungen sammeln in der Auseinandersetzung mit konträren Ansichten
- Kompromisse entwickeln
- eine eigene Meinung bilden

Sozialformen:

- individuelles und kooperatives Arbeiten

Beschreibung:

Denkbar sind zwei Vorgehensweisen:

1. Die Lernenden erhalten vorbereitetes Material, das die Standpunkte von verschiedenen Interessensgruppen aufzeigt. Jede Gruppe erarbeitet sich hieraus einen eigenen Standpunkt und präpariert sich so für die Diskussionsrunde.
2. Die Lernenden müssen sich das Material für eine bestimmte Interessensgruppe selbst beschaffen oder erstellen und sich damit auf die Diskussionsrunde vorbereiten.

Anschließend wird das Planspiel als Diskussionsrunde, Parlamentsdebatte, Podiumsdiskussion o. ä. durchgeführt. Verdeutlicht werden die unterschiedlichen Vorstellungen der Beteiligten und ihre Fähigkeit, mit den Interessen anderer umzugehen.
Wichtig ist die abschließende Auswertungsrunde.

Anmerkungen:

Mit dem Planspiel kann ein komplexer Sachverhalt, z. B. der Bau eines Jugendhauses, die Einrichtung eines Schulcafés u.a. verdeutlicht und erfahrbar gemacht werden. Durch die verschiedenen Interessen und Standpunkte werden die Lernenden angeregt, sich eine eigene Meinung zu bilden.

Auf diese Weise können Probleme aus verschiedenen Perspektiven erarbeitet werden. Die Komplexität vieler Probleme wird deutlich und fördert das Verständnis füreinander.
Tipp: Interessantes und umfassendes kostenfreies oder kostengünstiges Material bietet die Bundeszentrale für Politische Bildung.[28]

Materialien:

- ❑ Informationsmaterialien aus Zeitungen, Büchern, Internet

Beispiel: Planspiel zur EU

Bei diesem Planspiel geht es um die unterschiedlichen Interessen der Mitgliedstaaten. Es werden z.B. 6 Staaten ausgewählt. Thema ist z.B. ein gerade aktuelles Problem, zu dem eine Verordnung verabschiedet werden soll.

Die Lernenden teilen sich in Gruppen ein. Jede Gruppe vertritt ein Land. Die Gruppen haben die Aufgabe, sich über das entsprechende Land kundig zu machen und einen Standpunkt zu erarbeiten, den dieses Land vertreten könnte, d.h. sie müssen sich gründlich einarbeiten.

Dazu bekommen sie Informationsmaterial oder recherchieren selbst im Internet.
Das Ziel ist, die eigenen Interessen im Auge zu behalten, aber möglichst auch zu einem vertretbaren Kompromiss zu kommen.

Kenntnisse

28 www.bpb.de/lernen/unterrichten/planspiele/

Üben und vertiefen

Repetitio est mater studiorum.[29]
Cassiodor, um 485

Die Lernenden müssen ihre neu erworbenen Kenntnisse wiederholen und immer wieder in neuen Zusammenhängen und Situationen anwenden, damit sie ins Langzeitgedächtnis gelangen können. Unterstützt wird das durch das kooperative Lernen und durch Übungsformen, die sie herausfordern und ihnen Spaß machen.
Im folgenden Teil werden deshalb Tipps zur **Herstellung von Lernspielen** gegeben. Die Lernenden können z. B. selbst Spiele herstellen und sich Quizfragen und Rätsel überlegen, die dann von anderen beantwortet bzw. bearbeitet werden. Dazu müssen sie sich intensiv mit dem Lernstoff befassen und ihn verstanden haben. Am meisten profitieren davon also diejenigen, die die Spiele herstellen.
Zusätzlich werden **weitere Methoden** für das Üben und Vertiefen in verschiedenen Formen und Kontexten vorgestellt.
Außerdem gilt: Alle Formen, mit denen **das Gelernte dargestellt** wird, ermöglichen ein Üben und Vertiefen, weil sie die intensive Auseinandersetzung mit dem Thema voraussetzen und eine klare Strukturierung verlangen.

	Kompetenzen	**Stufe A**	**Stufe B**	**Stufe C**
Üben und vertiefen	Inhalte wiederholen	Ich kann meine neu erworbenen Kenntnisse wiederholen, indem ich mich mit anderen darüber austausche, z.B. im *Gruppenpuzzle*.	Ich kann meine neu erworbenen Kenntnisse wiederholen, indem ich dazu Materialien für andere erstelle, z.B. ein *Rätsel* oder einen *Lückentext*.	Ich kann mir meine neu erworbenen Kenntnisse besser einprägen, wenn ich dazu mit anderen ein Frage-Antwort-Spiel entwickle, z.B. ein *Quiz* oder ein *Würfelspiel*.
	Inhalte vertiefen/ Transfer leisten	Ich kann meine neu erworbenen Kenntnisse wiederholen, indem ich die wichtigsten Punkte notiere und daraus eine sinnvolle Struktur entwickle, z.B. als *Concept-Map*.	Ich kann meine neuen Kenntnisse vertiefen, indem ich sie in eine andere Form bringe, z.B. ein *Streitgespräch* oder eine *Lerngeschichte* dazu entwickle.	Ich kann meine neuen Kenntnisse vertiefen, indem ich eine *Präsentation* vorbereite, in der ich das Thema gut strukturiert und visualisiert vorstelle.

29 Übersetzung: Das Wiederholen ist die Mutter der Studien.

Dieses Kapitel umfasst:

- Entwicklung von Lernspielen
  - Rätsel
  - Lückentext
  - Würfelspiel
  - Quiz
  - Memory®
- Weitere Methoden
  - Concept-Map
  - Sprechgesang
  - Gruppenrallye
  - Streitgespräch
  - Lerngeschichte

Entwicklung von Lernspielen

Rätsel

Sich Rätsel auszudenken, macht den Lernenden meist Spaß. Voraussetzung für die Herstellung eines Rätsels ist, dass sie ein Thema erarbeitet und verstanden haben und ihnen wichtige Begriffe geläufig sind.

Einsatzmöglichkeiten:

- üben und vertiefen von bereits erarbeiteten Themen
- einbeziehen der Teilnehmer bei Präsentationen

Sozialformen:

- individuelles und kooperatives Arbeiten

Beschreibung:

Zu einem Thema, das sie bereits erarbeitet haben, überlegen sich die Lernenden wichtige Schlüsselbegriffe und entwickeln dazu die passenden Fragen.
Wenn sie für eine Lücke keinen Schlüsselbegriff finden, den sie einsetzen können, dürfen sie bei der Erstellung des Rätsels auch einfache Zusatzbegriffe ergänzen.
Erstellen können sie z.B. ein Kreuzworträtsel. Für eine einfache Form werden die Antworten in der Waagerechten eingetragen, nur das Lösungswort verbindet die Antworten in der Senkrechten. Die Rätselvorlage können die Lernenden in „Handarbeit" erstellen, je nach Kenntnisstand können sie diese auch am Computer entwickeln.
Für ein Silbenrätsel müssen die Lernenden die Schlüsselbegriffe in Silben

zerlegen und diese dann alphabetisch anordnen. Damit das Lösungswort richtig zusammengefügt werden kann, müssen sie die erforderlichen Buchstaben markieren und ihre Stelle im Lösungswort angeben (s. Beispiel auf der übernächsten Seite).

Anmerkungen:

Wenn die Lernenden ein Rätsel erstellt haben, ist es für sie spannend zu beobachten, ob die anderen Gruppen das Rätsel auch lösen können. Besonders interessant ist es, wenn ein Lösungswort herauskommen muss.

Die Erstellung eines Silbenrätsels ist für Lernende oft schwieriger, weil manche Probleme damit haben, Wörter in Silben zu zerlegen, diese alphabetisch anzuordnen und mit der richtigen Nummerierung versehen.

Ein Nachteil bei der Lösung beider Rätselarten ist, dass nur Begriffe abgefragt werden und keine Zusammenhänge.

Materialien:

- ❑ Unterlagen zu der Unterrichtseinheit
- ❑ eventuell eine Rätselvorlage
- ❑ Kopien des Rätsels in der Zahl der Teilnehmer

Beispiel: Rätsel zur Wiedervereinigung

1								**S**	T	A	A	T						
2			P	E	R	E	S	**T**	R	O	I	K	A					
3						S	T	**A**	S	I								
4	W	I	R	T	S	C	H	**A**	F	T	S	U	N	I	O	N		
5		R	U	N	D	E	R	**T**	I	S	C	H						
6								**S**	E	D								
7		W	I	E	D	E	R	**V**	E	R	E	I	N	I	G	U	N	G
8							L	**E**	I	P	Z	I	G					
9				W	A	E	H	**R**	U	N	G	S	U	N	I	O	N	
10						O	K	**T**	O	B	E	R						
11	N	E	U	E	S	F	O	**R**	U	M								
12				S	O	Z	I	**A**	L	U	N	I	O	N				
13			M	O	N	T	A	**G**										

1. die Wirtschaft der DDR wurde vom .... gelenkt
2. russische Bezeichnung für: Umgestaltung der Gesellschaft
3. gefürchtete Geheimpolizei der DDR
4. erste Säule des Staatsvertrags
5. Treffpunkt für Regierung und Opposition
6. Führungspartei der ehemaligen DDR
7. bedeutendes Ereignis in der deutsche Geschichte
8. Stadt in der DDR, bekannt durch die wöchentlichen Demonstrationen
9. zweite Säule des Staatsvertrags
10. Monat, in dem der deutsche Nationalfeiertag stattfindet
11. Bürgerbewegung in der Wendezeit der DDR
12. dritte Säule des Staatsvertrags
13. Wochentag der Demonstrationen

Beispiel: Silbenrätsel zum Ludwigsburger Marktplatz

Marktplatz P 3

Der Ludwigsburger Marktplatz ist einer der schönsten Plätze Deutschlands. Vom Stadt- und Schloßbaumeister D. G. Frisoni entworfen, gibt er noch heute fast unverfälscht die barocke Platzanlage des frühen 18. Jahrhunderts wieder. Von jeher als Architekturraum gedacht, war er ohne Bäume und Grün konzipiert.
Die beiden repräsentativen Kirchen und der harmonisch-verbindende Schwung der umlaufenden Arkaden geben dem Platz sein besonderes Flair.

Löse mit Hilfe des Textes **das folgende Silbenrätsel**. Die Buchstaben, die das Lösungswort ergeben, sind unterstrichen. An der rechten Seite steht, an welcher Stelle sie im Lösungswort einzusetzen sind.
Silben: ACHT - AR - BA - BAEU - BAU - CHEN - DEN - FRI - HAR - KA - KIR - MARKT - ME - MEI - MO - NI - NISCH - PLATZ - ROCK - SCHLOSS - SO - STADT - STER - TES - ZEHN

1. einer der schönsten Plätze	_ _ _ _ _ _ _ _ _ _ _ _ _ _ _	6, 10
2. Architekt des Platzes	_ _ _ _ _ _ _ _ _ _ _ _ _ _ _	12, 15
3. Titel des Architekten	_ _ _ _ _ _ _ _ _ _ _ _ _ _ _	9
4. Baustil der Anlage	_ _ _ _ _ _ _ _ _ _ _ _ _ _ _	11, 3
5. sie waren nicht vorgesehen	_ _ _ _ _ _ _ _ _ _ _ _ _ _ _	13, 1
6. davon gibt es hier zwei	_ _ _ _ _ _ _ _ _ _ _ _ _ _ _	16, 14
7. umlaufende Bogengänge	_ _ _ _ _ _ _ _ _ _ _ _ _ _ _	4, 17
8. weiterer Arbeitsbereich Frisonis	_ _ _ _ _ _ _ _ _ _ _ _ _ _ _	7
9. so wirkt der Schwung der Arkaden	_ _ _ _ _ _ _ _ _ _ _ _ _ _ _	8
10. Jahrhundert der Erbauung	_ _ _ _ _ _ _ _ _ _ _ _ _ _ _	2, 5

LÖSUNG: _ _ _ _ _ _ _ _ _ _ _ _ _ _ _ _ _

Lückentext

Für die Erstellung eines Lückentextes müssen die Lernenden sich noch einmal intensiv mit dem neu erworbenen Wissen auseinandersetzen, damit sie es in einem Text zusammenfassen können. Sie müssen einen Überblick über die wichtigsten Begriffe haben.

Einsatzmöglichkeiten:

- üben und vertiefen von bereits erarbeiteten Themen
- einbeziehen der Teilnehmer bei Präsentationen: Überprüfung des Kenntnisstandes

Sozialformen:

- individuelles und kooperatives Arbeiten

Beschreibung:

Die Lernenden schreiben zu einem Thema, das sie bereits erarbeitet haben, allein oder in Kleingruppen einen zusammenhängenden Text, der die wichtigen Informationen enthält. Diesen Text müssen sie abspeichern oder aufheben, denn sie benötigen ihn später als Kontrolltext.
Anschließend überlegen sie, an welchen Stellen sie wichtige Begriffe weglassen und durch Linien zum Eintragen ersetzen können. In der Kleingruppe probieren sie aus, ob das so funktioniert wie gedacht.
Den so entstandenen Lückentext schreiben sie handschriftlich oder mit dem Computer ins Reine und kopieren ihn für die anderen Lernenden. Diese können nun zeigen, ob sie das Thema beherrschen.

Anmerkungen:

Die Erstellung eines Lückentextes macht den Lernenden in der Regel Spaß. Es ist für diejenigen, die den Text erstellt haben, spannend zu sehen, ob die anderen Teilnehmer die richtigen Lösungen eintragen.
Das Eintragen wird erleichtert, wenn die richtigen Lösungswörter in alphabetischer Reihenfolge unter den Text geschrieben werden. Allerdings wird es dann manchmal vielleicht zu einfach.

Materialien:

- ❑ Unterlagen zum Thema
- ❑ Blätter und Stifte, eventuell Computer
- ❑ Kopien des Lückentextes für alle Teilnehmer

Beispiel: Geschichte Klasse 7: Lückentext von Katrin und Katharina zu den Römern

Lückentext (Häuser der Römer)

Reiche Römer wohnten in einer Villa. Arme dagegen in einer kleinen Wohnung oder in einem Zimmer. Bei einer Villa liegen die Schlafzimmer im ersten Stock, und das Atrium liegt in der Mitte des Hauses. In der Mitte des Atriums liegt ein Becken, das das wertvolle Regenwasser auffängt und die nach vorn liegenden Räume mit Hilfe einer Art Warmwasser Zentralheizung erwärmt. Die Fußböden im unteren Stock sind aus Marmor, die Wände sind bemalt und mit Fresken geschmückt. Reiche Römer konnten sich einen Haus lehrer leisten.
Die Mädchen wurden gewöhnlich nicht unterrichtet.
In armen Wohnungen sind keine Toiletten vorhanden, daher nutzen sie die öffentlichen Toiletten. Nur wenige Wohnungen haben eine
Küche, deshalb kaufen sich die meisten Leute fertiges Essen. Trinkwasser holen sich die meisten Leute aus einem Steinbrunnen, der in jeder Straße steht. Die Vorderzimmer sind an Geschäftsleute oder Handwerker vermietet. Die Geschäfte liegen zur Straße hin offen, deswegen werden abends zum Schutz vor Dieben hölzerne Rollläden heruntergelassen. Die früheste gefundene Hausbautechnik besteht aus Bruchsteinmauerwerk Für Hausfronten wurden rechteckige Blöcke verwendet. Abflussrohre waren aus Ton, die in einer Hauswand eingesetzt wurden. Ein Antefix wurde dazu benutzt an den Dachrändern die Enden der Halbzylinderziegel zu verkleiden. In einem Privatbad sind Heizräume, Heißräume, Warmräume, Umkleideräume und Kaltwasserbecken vorhanden.

Beispiel: Geschichte Klasse 10: Lückentext zum Mauerbau

Der Mauerbau

Die West-Berliner Polizei erhält die ersten Einzelmeldungen über eine Absperrung des Ost-Sektors. In der Friedrich-Ebert-Straße beginnt das Hämmern der Pressluftbohrer: das Straßenpflaster wird aufgerissen. Asphaltstücke und Pflastersteine werden zu Barrikaden aufgeschichtet. Alle Einsatzkommandos der West-Berliner Polizei und der Bereitschaftspolizei werden in Alarmzustand versetzt. Entlang der gesamten Sektorengrenze werden Straßensperren und Stacheldrahtverhaue errichtet. Die durch die Straßen Ost-Berlins rollenden Panzer reißen die Ost-Berliner aus dem Schlaf. Der Stacheldrahtverhau entlang der Sektorengrenze wird immer dichter, die Kolonnen der Militärfahrzeuge nehmen kein Ende. Völlig durchnässt treffen Flüchtlinge in West-Berlin ein, die kurzentschlossen unter Lebensgefahr durch Kanäle und Gewässer geschwommen sind, um West-Berlin zu erreichen. Während der militärische Aufmarsch weitergeht und die Volksarmisten zum größten Teil von neuen Mannschaften abgelöst werden, setzt auch in Ost-Berlin eine Massenwanderung zu den Sektorengrenzen ein.

Lösungen: Flüchtlinge, Panzer, Barrikaden, Kanäle, Alarmzustand, Ost-Sektors, Sektorengrenze, Stacheldrahtverhau, Volksarmisten, Militärfahrzeuge, Straßenpflaster, Gewässer, Massenwanderung

Würfelspiel

Die Entwicklung von Frage- und Antwortkarten zum Würfelspiel setzt voraus, dass die Lernenden sich noch einmal wichtige Begriffe und Zusammenhänge des bereits bearbeiteten Themas verdeutlichen.

Einsatzmöglichkeiten:

- üben und vertiefen von bereits erarbeiteten Themen
- Lernspiele für andere Gruppen oder Klassen erstellen

Sozialformen:

- individuelles und kooperatives Arbeiten

Beschreibung:

Die Lernenden benötigen einen **Spielplan** für das Würfelspiel, den sie entweder als Vorlage vom Lernbegleiter bekommen oder selbst erstellen, mit den Wegen zwischen Start und Ziel, einem Feld für die Fragekärtchen und einem weiteren für die Ereigniskärtchen.
Zuerst überlegen sie sich für die **Fragekärtchen** – am besten erst jeder für sich – mögliche Fragen und Antworten, die sie sich notieren und anschließend austauschen. Am besten ist es hier, von den Antworten auszugehen und dazu die passenden Fragen zu entwickeln. So kann man besser sicherstellen, dass Frage und Antwort auch wirklich zueinanderpassen.
Sie einigen sich auf die ca. 20 besten Fragen mit den entsprechenden Antworten und notieren diese auf einem Extrablatt, das später als Kontrollblatt dient. Anschließend übertragen sie die Fragen entweder handschriftlich oder mit dem Computer auf die Kärtchen. Für das Spiel legen sie diese als Stoß umgedreht auf das entsprechende Feld.
Anschließend entwickeln die Lernenden für die **Ereigniskärtchen** ebenfalls ca. 20 Beispiele, wählen die besten aus und übertragen sie auf die Kärtchen. Diese drehen sie ebenfalls um und legen sie auf das entsprechende Feld.
In einem dritten Schritt überlegen sie sich die **Spielregeln**, z. B. welche Folgen es hat, wenn jemand eine Frage nicht beantworten kann etc.

Anmerkungen:

Die Vorfreude auf das Spielen motiviert die Lernenden, sich mit dem bereits erarbeiteten Thema auseinanderzusetzen. Wenn der Lernbegleiter einen bereits fertiger Spielplan zur Verfügung stellen kann, bedeutet das eine wesentliche Zeitersparnis (s. Beispiel).

Die beste Vertiefung des Gelernten ist die Erstellung der Fragen und Antworten zum Thema.

Die Lernenden können beim Würfelspiel auch die vielleicht bereits erstellten Quizkarten einsetzen.

Materialien:

- ❑ Unterlagen zum Thema
- ❑ Kärtchen für Fragen und Ereignisse
- ❑ Karton für die Spielpläne oder bereits erstellte Pläne
- ❑ Würfel und Spielfiguren

Beispiel: Spielplan mit Frage- und Ereignisfeldern

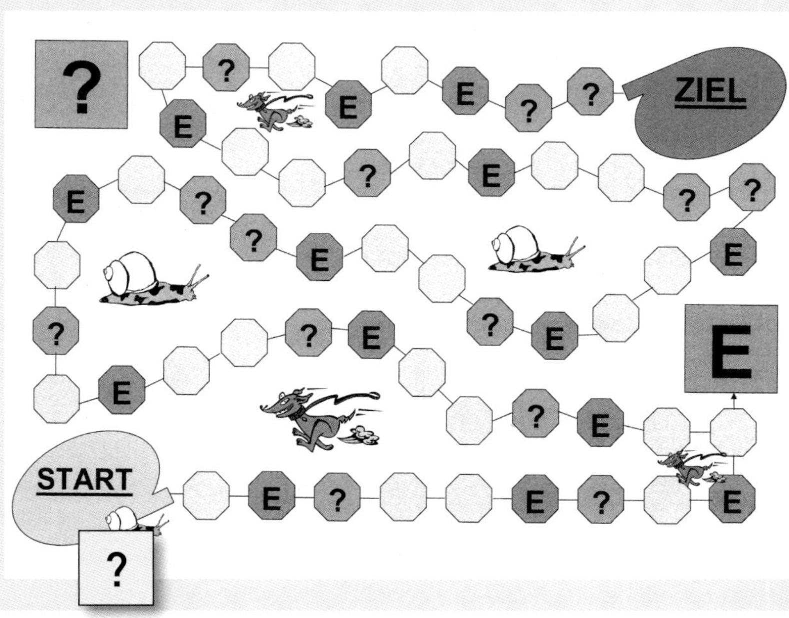

Beispiel: Fragekärtchen zum Jugendschutzgesetz

Ab welchem Alter ist man religionsmündig?	Warum gibt es das Jugendschutzgesetz?	Welche Rechte erwirbt man mit 18 Jahren?	Was bedeutet „bedingt geschäftsfähig“?

Beispiel: Ereigniskärtchen

Du Glückskind: drei Felder vorrücken!	Du bist guter Laune und verschenkst jemandem drei Punkte zum Vorrücken.	Mit dem linken Bein aufgestanden? Dann fang langsam an – zwei Felder zurück.	Du hast heute deinen sozialen Tag – alle dürfen zwei Felder vorrücken.

Quiz

Die Entwicklung von Fragen für ein Quiz setzt voraus, dass die Lernenden sich noch einmal wichtige Begriffe und Zusammenhänge des bereits bearbeiteten Themas verdeutlichen. Nur so können sie zu den Fragen die richtigen Antworten entwickeln.

Einsatzmöglichkeiten:

- üben und vertiefen von bereits erarbeiteten Themen
- Vorwissen aktivieren

Sozialformen:

- individuelles und kooperatives Arbeiten

Beschreibung:

Die Lernenden haben die Aufgabe, sich zuerst in Einzelarbeit 3 bis 5 Fragen zum Thema und dazu die Antworten zu notieren. Am besten ist es auch hier, von den Antworten auszugehen, die eindeutig sein müssen, und dazu die passenden Fragen zu entwickeln.
Dann suchen sie sich einen Partner, mit dem sie sich auf ca. 6 interessante Fragen einigen.
An der Tafel wird eine Tabelle vorbereitet. Jedes Paar bekommt eine Nummer und trägt sich mit Namen ein.
Im nächsten Schritt sucht sich jedes Paar ein weiteres Gegenüber. Beide Paare stellen sich nun gegenseitig ihre Quizfragen. Bei richtiger Antwort bekommt jedes Paar 2, bei teilweise richtiger Antwort 1 Punkt, bei falscher Antwort 0 Punkte. Diese Ergebnisse werden in die Tabelle an der Tafel eingetragen.
Nach diesem Durchlauf sucht sich jedes Paar ein neues Gegenüber. Es gelten die gleichen Regeln. Drei Durchläufe sind in der Regel ausreichend, weil es sonst zu viele Wiederholungen gibt. Sieger ist das Paar mit den meisten Punkten.

Anmerkungen:

Die Zusammenstellung der Fragen und der Wettbewerbscharakter machen das Spiel interessant. Die beste Vertiefung des Gelernten ist die Formulierung der Fragen und Antworten. Damit die Lernenden leichter und schneller ein neues Paar finden, kann man die Kugellager-Methode einsetzen, d.h. die eine Hälfte der Paare befindet sich im Innenkreis, die andere Hälfte im Außenkreis. Nach einer vorgegebenen Zeit wechseln der Innen- oder der Außenkreis um eine oder auch mehrere Positionen weiter. Somit hat jedes Paar ein neues Gegenüber.

Materialien:

- ❑ Unterlagen zu der Unterrichtseinheit
- ❑ verschiedenfarbige Stifte
- ❑ Tabelle für die Ergebnisse (Tafel oder Flipchartbogen)

Beispiel: Tabelle für 3 Durchläufe

Paare	Runde 1	Runde 2	Runde 3	Summe
1 Anna/Finn	1 gegen 2	1 gegen 3	1 gegen 4	
2 Luca/Lena	2 gegen 1	2 gegen 4	2 gegen 3	
3 Alina/Leon	3 gegen 4	3 gegen 1	3 gegen 2	
4 Max/Lara	4 gegen 3	4 gegen 2	4 gegen 1	
5 ...	...			
6 ...	...			

Memory®

Die Herstellung eines Memorys® erfordert die intensive Beschäftigung der Lernenden mit den bereits bearbeiteten Materialen, weil bei der hier vorgestellten Variante zu den Bildern aus dem erarbeiteten Thema die passenden Texte entwickelt werden.

Einsatzmöglichkeiten:

- üben und vertiefen von bereits erarbeiteten Themen
- Lernspiele für andere Gruppen oder Klassen erstellen

Sozialformen:

- individuelles und kooperatives Arbeiten

Beschreibung:

Zu einem ausgewählten Thema sichtet jeder Lernende erst allein die zur Verfügung stehenden Unterlagen und wählt passende Bilder (Grafiken, Symbole u. a. m.) aus, die in der Gruppe besprochen und kopiert werden. Anschließend schreiben die Lernenden zu jedem Bild einen passenden kurzen Text. Text und Bild kleben sie jeweils auf ein Kärtchen oder bearbeiten die Kärtchen am Computer. Jeweils ein Bild- und ein Textkärtchen bilden ein Paar.
Das Spiel kann nach folgenden Regeln gespielt werden:
Zuerst werden alle Karten gemischt und mit der Rückseite nach oben ausgelegt. Wer zuerst an der Reihe ist, deckt zwei Karten auf und lässt sie aufgedeckt liegen. Wenn sie zusammenpassen, darf die Person noch einmal

zwei Karten aufdecken, sonst werden sie wieder umgedreht und die nächste Person ist an der Reihe.
Wer zum Schluss die meisten Kartenpaare gefunden hat, hat das Spiel gewonnen.

Anmerkungen:
Die Herstellung eines Memorys® ist aufwändig und kostet Zeit. Für „Handarbeit" wird auf DIN-A4-Bogen mit 21 x 29,7 cm ein Raster mit 12 Quadraten 7 x 7 cm kopiert und von den Teilnehmern (oder vom Lernbegleiter mit dem Schneidegerät) ausgeschnitten.
Bei der Arbeit am Computer muss bei einem DIN-A4-Bogen in der Regel ein Rand von ca. 1 cm berücksichtigt werden, sodass nur eine Breite von 19 cm zur Verfügung steht. Daraus erfolgt ein Quadratmaß von 19 : 3 = 6,3 cm. Das Raster wird den Lernenden digital zur Verfügung gestellt oder von ihnen mit Word oder Excel selbst entworfen.
Ausreichend pro Gruppe sind 20 Kärtchen, d. h. je 10 Bild- und 10 Textkärtchen. Jede Gruppe benötigt also zwei Rasterbogen (s.o.) und hat dann 2 x 12 = 24 Kärtchen, also noch 4 Reservekärtchen.
Sinnvoll ist es, die Lernenden in zwei Großgruppen A und B aufzuteilen, die jeweils wieder in Kleingruppen mit ca. 3 bis 5 Lernenden aufgeteilt werden. Jede Kleingruppe bearbeitet nun ihr Teilthema und spielt es durch. Anschließend wird gewechselt: Jede A-Gruppe bekommt das Memory® einer B-Gruppe und umgekehrt. So können sie das zweite Teilthema ebenfalls durchspielen.

Materialien:
- ❑ für jede Gruppe 2 DIN-A4-Bogen:
  - für „Handarbeit": Kärtchen im Format von 7 x 7 cm
  - Arbeit am PC: Rastervorlage mit Quadraten im Format von 6,3 x 6,3 cm
- ❑ für jede Gruppe ca. 10 Bilder aus den verwendeten Unterlagen
- ❑ Unterlagen zum Themengebiet für die Erstellung der Texte

Beispiel: Memory®-Karten aus dem Geschichtsunterricht (Klasse 9)

In Gruppenarbeit wurden Bilder und passende Texte ausgesucht. Davon wurden 20 Kartenpaare ausgewählt und entsprechend gestaltet.

Weitere Methoden

Concept-Map

Die Entwicklung einer Concept-Map erfordert, dass die Lernenden sich noch einmal klar machen, welches die wichtigsten Begriffe bzw. Teilthemen zu dem bereits erarbeiteten Thema sind und wie sie zueinander in Beziehung stehen. Damit können sie zu diesem Themengebiet ihre eigene Struktur entwickeln.

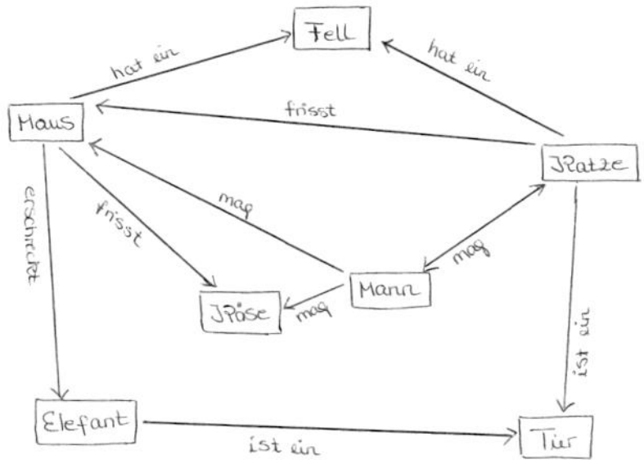

Einsatzmöglichkeiten:

- üben und vertiefen von bereits erarbeiteten Themen
- Vorwissen aktivieren
- Strukturen entwickeln
- das Gelernte darstellen

Sozialformen:

- individuelle und kooperative Formen

Beschreibung:

Jeder Lernende notiert zuerst für sich die wichtigsten Begriffe des bereits bearbeiteten Themas auf Haftnotizzettel und klebt sie, je nach Umfang des behandelten Themas, auf einen DIN-A4- oder A3-Bogen. Anschließend sucht er sich einen Partner und tauscht sich mit ihm über die Begriffe aus. Beide ergänzen, was ihnen zusätzlich wichtig erscheint.
Dann versuchen sie, eine sinnvolle Struktur zu entwickeln und mit Pfeilen und Beschriftungen die Beziehungen zwischen den Schlüsselwörtern herzustellen.
Anschließend stellen die Lernenden sich im Plenum gegenseitig ihre Concept-Map vor.

Anmerkungen:

Haftnotizzettel gibt es in verschiedene Größen, gut geeignet sind Streifen von 4 x 5 cm. Sie können auch aus größeren Blocks mit der Schneidemaschine unterteilt werden.

Da die Lernenden häufiger mit dieser Methode arbeiten können, sollten sie sich kleine Haftnotizblöcke anschaffen.

Ein großer Vorteil dieser Klebezettel besteht darin, dass die Lernenden die Struktur noch verändern können, wenn das erforderlich erscheint. Pfeile und weitere Notizen fügen sie erst ein, wenn sie von der Anordnung überzeugt sind.

Materialien:

- ❑ bereits erarbeitete Materialien
- ❑ Haftnotizzettel
- ❑ Papier und Stifte

Sprechgesang

Die Entwicklung dieser einfachen Übungs- und Wiederholungsmethode setzt voraus, dass die Lernenden ein Themengebiet erarbeitet haben, bei dem es um abfragbares Faktenwissen geht und bei dem kurze Antworten möglich sind.

Einsatzmöglichkeiten:

- üben und vertiefen von bereits erarbeiteten Themen

Sozialformen:

- individuelles und kooperatives Arbeiten, Plenum

Beschreibung:

Die Lernenden haben die Aufgabe, sich zuerst in Einzelarbeit z.B. 6 Fragen zum Thema und die Antworten dazu zu notieren. Dann sucht sich jeder einen Partner, mit dem er sich auf z.B. 8 Fragen einigt. Anschließend suchen beide sich ein weiteres Paar, mit dem sie sich auf z.B. 10 Fragen verständigen.

In der Gruppe üben die Lernenden die Fragen und Antworten ein, indem einer aus der Gruppe die Fragen stellt und die anderen – möglichst ohne auf die Notizen zu schauen – im Chor die Antworten geben.
Anschließend geht es ins Plenum, jede Gruppe spielt dann mit allen Lernenden das Frage-Antwort-Spiel durch, bis alle in der Lage sind, die richtigen Antworten zu geben. Bei falschen Antworten korrigieren sie und erklären das Thema noch einmal.

Anmerkungen:

Diese Methode macht den Lernenden meistens Spaß, weil sie das Gefühl haben, spielerisch etwas zu lernen. Beste Vertiefung des Gelernten ist für sie die Formulierung der Fragen und Antworten.
Bei Antworten im Chor können die Lernenden auch durch das Klassenzimmer gehen.

Materialien:

- ❑ Unterlagen zu der Unterrichtseinheit
- ❑ Papier und Stifte für die Fragen und Antworten

Hier ein paar einfache Beispiele

... für Erdkunde:
Länder und Hauptstädte

Fragen	**Antworten**	
Norwegen	Oslo	
Griechenland	Athen	etc.

... für Deutsch:

Fragen	**Antworten**	
Perfekt	ich hatte gedacht	
Präsens	ich denke	etc.

... für die Fremdsprachen: Vokabeln, Grammatik und Kurzsätze

Viele weitere Beispiele können ergänzt werden.

Gruppenrallye

Die Gruppenrallye eignet sich besonders zum Üben und Wiederholen von Themenbereichen, die vorher erarbeitet wurden, insbesondere als Vorbereitung auf eine Leistungsüberprüfung.

Weitere Einsatzmöglichkeiten:

- üben und vertiefen von bereits erarbeiteten Themen in allen Fächern
- Inhalte erarbeiten

Sozialformen:

- individuelles und kooperatives Arbeiten

Beschreibung:.

Zu Beginn ermittelt der Lernbegleiter den individuellen Leistungsstand eines jeden Lernenden, z.B. durch einen Test, bei dem jeder eine bestimmte Anzahl von Punkten erreichen kann. Nach dem Ergebnis dieser Überprüfung stellt der Lernbegleiter die Gruppen möglichst heterogen zusammen.
Anschließend bearbeiten die Gruppen miteinander entweder noch einmal die vorhandenen Materialien zu dem Themenbereich oder speziell für die Wiederholung erstellte Aufgaben, jeder erst einmal allein und dann gemeinsam mit der Gruppe.
In der abschließenden Phase führt der Lernbegleiter erneut eine individuelle Leistungsüberprüfung mit ähnlichen Anforderungen wie beim ersten Mal durch. Dabei notiert er die zugewonnenen Punkte jedes einzelnen Gruppenmitglieds und rechnet sie dann für die Gruppe zusammen.
Die Gruppe, die die meisten Punkte durch den Leistungszuwachs der einzelnen bekommen hat, bekommt eine Anerkennung für besonders erfolgreiches kooperatives Arbeiten.

Anmerkungen:

Die Leistungsüberprüfung muss gut vorbereitet sein, damit die für das Themengebiet wichtigen Bereiche enthalten sind und die Ergebnisse möglichst einfach zu überprüfen sind. Die abschließende Überprüfung muss darauf abgestimmt sein, damit das Ergebnis einigermaßen repräsentativ ist.

Materialien:
- ❑ bereits erarbeitete Materialien und/oder weitere Aufgaben
- ❑ Papier und Stifte

Streitgespräch

Mit einem Streitgespräch können die Lernenden ein Themengebiet vertiefen, indem sie überlegen, welche Gedanken/Vorbehalte/Kritik ihnen dazu wichtig sind. Es muss ein Thema sein, das sie kontrovers diskutieren können.

Einsatzmöglichkeiten:
- üben und vertiefen von bereits erarbeiteten Themen
- das Gelernte darstellen

Sozialformen:
- individuelles und kooperatives Arbeiten, Plenum

Beschreibung:
Durch Los oder nach Neigung bilden die Lernenden zwei Gruppen. Die eine erarbeitet die Argumente der Befürworter, die andere die der Gegner. Eine oder zwei Personen werden ausgewählt, die das Streitgespräch moderieren. Sie notieren sich die wichtigsten Schritte für ihr Vorgehen und überlegen sich, wie sie die abschließende Feedbackrunde gestalten wollen.
In den Gruppen der Befürworter und Gegner notiert erst einmal jeder Lernende für sich allein seine Argumente, bevor er sich mit einem Partner austauscht. Dann stellt jede Gruppe gemeinsam die Argumente zusammen und erarbeitet einen einführenden Kurzvortrag. Anschließend klärt jede Gruppe, wer als Gruppensprecher die Diskussion führt und wer ihn dabei unterstützen kann.
Die Sitzordnung wird so gewählt, dass vorne die Moderatoren sitzen. Die streitenden Parteien sitzen sich gegenüber und die übrigen Teilnehmer verteilen sich weiter hinten als Zuhörer und Beobachter.

Die Moderatoren eröffnen und begleiten das Gespräch, das mit dem einführenden Kurzvortrag der beiden Gruppen beginnt. Rede und Gegenrede schließen sich an.
Zum Abschluss holen die Moderatoren vom Publikum ein Feedback ein, um zu erfahren, was besonders gelungen bzw. was weniger überzeugend war.

Anmerkungen:
Den meisten Lernenden sind solche Debatten vom Fernsehen her bekannt. Deshalb ist der Ablauf für sie nichts Neues.
Schon zu Beginn können die Moderatoren das Publikum zu seiner Meinung befragen und das Ergebnis festhalten. Die Befragung können sie zum Schluss wiederholen und das Ergebnis mit den Gruppen diskutieren.

Materialien:
- ❑ bereits erarbeitete Materialien
- ❑ Papier und Stifte

Beispiele für Themen:
- Schuluniform – ja oder nein?
- Schulveranstaltung: Bundesjugendspiele oder Spieltag mit kooperativen Spielen?
- Aktive Sterbehilfe – straffrei?
- Direktwahl des Bundespräsidenten durch die Wahlberechtigten?

... je nach Fach sind viele weitere Themen möglich.

Lerngeschichte

Die Lerngeschichte ist eine anspruchsvolle und abwechslungsreiche Methode, um Inhalte zu vertiefen, insbesondere wenn diese nach Anleitung durch den Lernbegleiter von den Lernenden selbst geschrieben und vorgetragen wird.

Einsatzmöglichkeiten:
- üben und vertiefen von bereits erarbeiteten Themen
- das Gelernte darstellen

Sozialformen:

- kooperatives Arbeiten, Vorstellung im Plenum

Beschreibung:

Das Thema, das wiederholt, vertieft oder auch präsentiert werden soll, wird als Gespräch zwischen mehreren Personen, als Erzählung oder als Mischform von beidem aufgeschrieben.
Der Lernbegleiter oder die Lernenden stellen den Text aus den Unterlagen zusammen, die sie für die Erarbeitung des Themas verwendet haben, aus den Schulbüchern, der Fachliteratur, den Arbeitsblättern. Er kann durch Visualisierungen, z.B. Bilder, Grafiken etc. ergänzt werden und wird langsam und gut betont vorgetragen.
Wenn der Text ohne Visualisierungen nur vorgetragen wird, können die Lernenden, wenn sie möchten, die Augen schließen.
Die Lerngeschichte kann vom Lernbegleiter geschrieben werden, aber auch von einer Gruppe von Lernenden, die dann auch gut vorbereitet den Vortrag übernehmen können.

Anmerkungen:

Die Lerngeschichte hat ihren Ursprung zum einen im Lernkonzert der Suggestopädie, zum anderen in den Mitspielgeschichten des Jeux dramatique.
Die Informationen werden in Form eines Gesprächs, d. h. in gesprochener Sprache mit kurzen Sätzen vorgetragen und sollten gut zu verstehen sein. Durch Zusammenfassungen und Wiederholungen kann das Aufnehmen des Inhalts erleichtert werden.
Durch abwechslungsreiche Wortwahl werden verschiedene Sinne angesprochen. Passende Bilder, Musik oder Geräusche können ergänzt werden.

Materialien:

- ❑ Texte
- ❑ eventuell Musik und Bilder

Beispiel aus dem Geschichtsunterricht

Vom Deutschen Bund zum Deutschen Reich

Lesley, Stefania und Tobias besuchen die Klasse 8b und interessieren sich für Geschichte. Sie unterhalten sich darüber, wie nach der Herrschaft Napoleons die Entwicklung in Deutschland weitergeht.

Tobias: Napoleons Truppen sind geschlagen, seine Herrschaft ist zusammengebrochen. Wie geht es dann weiter?
Lesley: Es kommt zu einem Treffen der europäischen Mächte, dem **Wiener Kongress** im Jahr 1814.
Stefania: Und welches Ergebnis hat dieser Kongress? Viele Männer sind schließlich gegen Napoleon in den Krieg gezogen, um die Einheit Deutschlands zu erkämpfen.
Lesley Die deutschen Fürsten denken allerdings nur an sich: Sie wollen selbstständig bleiben, keinen Kaiser über sich haben. So schaffen sie den **Deutschen Bund** mit 35 Fürstentümern und vier freien Städten, kein geeintes Deutschland.
Tobias: Soweit ich weiß, sind viele Menschen aber nicht damit einverstanden, dass die Fürsten wieder an die Macht kommen und die Menschen unterdrücken können.
Stefania: Habt ihr schon von der **Deutschen Burschenschaft** gehört, dem Zusammenschluss von Studenten? Sie fordern die Einheit Deutschlands und demokratische Rechte für alle Bürger. Ihr Wahlspruch tönt durch die Straßen: „Freiheit – Ehre – Vaterland!"
Tobias: Die Farben der Deutschen Burschenschaft sind übrigens Schwarz-Rot-Gold. Diese Farben unserer heutigen Fahne stehen damit zum ersten Mal für Demokratie!
Lesley: Solche Forderungen können den Fürsten natürlich nicht gefallen. Sie wollen schließlich folgsame Untertanen. Deshalb, vermute ich, wird die Burschenschaft sicher verboten und die Anhänger werden verfolgt.
Tobias: Ganz richtig. Die Universitäten werden mit einem Netz von Spitzeln überzogen, Zeitungen und Flugblätter unterliegen einer strengen Zensur. Es gibt Verhöre und Verhaftungen, die Gefängnisse füllen sich mit Studenten und Professoren.

Der Ruf nach Freiheit und Einheit verstummt dennoch nicht. Besonders eindringlich bringt das Hoffmann von Fallersleben in einem Lied zum Ausdruck, das er 1841 verfasst. Ihr ahnt wohl schon, was ich meine?

Stefania: Das stammt alles aus dieser Zeit? Die schwarz-rot-goldene Fahne und das „Lied der Deutschen“? Dass das schon so alt ist, hat mich doch überrascht. Die deutsche Nationalhymne – wer hätte das gedacht!

Tobias: Trotz aller Unterdrückungsmaßnahmen sind die Freiheitsbewegungen nicht zu stoppen: 1832 versammeln sich über 30.000 Demonstranten beim Schloss **Hambach** in der Pfalz. Was tragen sie mit sich? Schwarz-rot-goldene Fahnen! Was fordern sie? „Freiheit – Ehre – Vaterland!“

Stefania: Die Mehrheit der Bevölkerung wird allerdings weiterhin ausgebeutet und politisch unterdrückt.

Lesley: Der König wird immerhin gezwungen, sich vor den Särgen der gefallenen Revolutionäre zu verneigen und die schwarz-rot-goldene Armbinde zu tragen.

Beispiel: Lerngeschichte zum Thema „Brüche“[30]

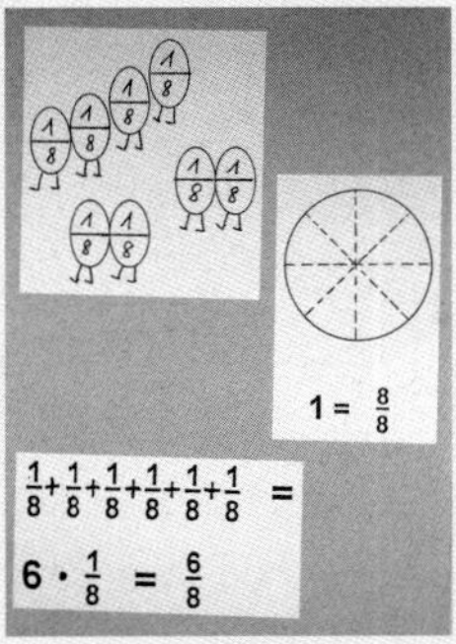

Die Plakate, die bei der Einführung des Themas verwendet wurden, wurden hier noch einmal eingesetzt.

*Familie **Achtel** sitzt am Frühstückstisch. Fröhlich plaudernd. Alle acht Familienmitglieder sind anwesend. Die ganze Familie ist komplett.*

Mutter **Achtel:** Kinder, nun ist es aber Zeit für die Schule!

$\frac{1}{8}$ - Kind: Ja, gut, wir beeilen uns. Wir wollen uns mit den **Zwölfteln** und den **Fünfteln** vor dem Haus treffen!

30 Erstellt von einer Arbeitsgruppe bei einer Lehrerfortbildung

*Sechs **Achtel**-Kinder verabschieden sich lautstark, während Vater **Achtel** und Mutter **Achtel** zu Hause bleiben.*

Auf der Straße unten vor dem Haus kommt ein Mann auf die Kinder zu. Er bleibt verdutzt vor ihnen stehen.

Herr Wissbegierig: Hallo! Ihr seht aber recht seltsam aus! Woher kommt das?

$\frac{1}{8}$ - Kind: Weißt du, wir alle gehören zu einer Familie. Du siehst, dass jeder von uns Kopf und Bauch hat. Und Kopf und Bauch sind deutlich durch einen Strich getrennt. Unsere Familie ist nur dann vollständig, – man könnte sagen g a n z –, wenn die Anzahl der Köpfe mit der Zahl auf dem Bauch übereinstimmt.

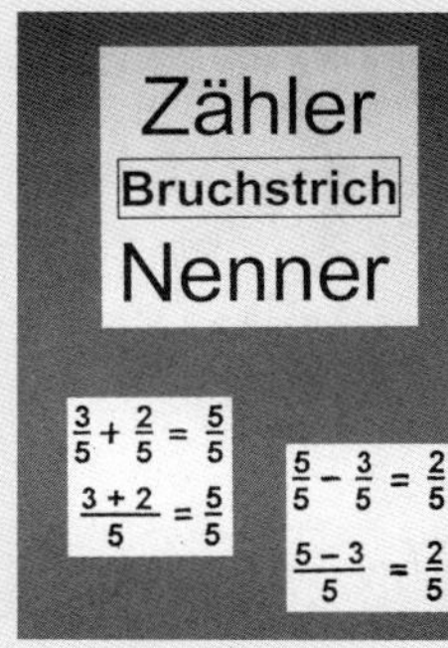

Herr Wissbegierig: Das müsst ihr mir schon genauer erklären!

$\frac{1}{8}$ - Kind: Die Zahl 8 unter dem Strich **nennt** meinen Familiennamen und **nennt** dir die Anzahl der Mitglieder in meiner Familie. Diese Zahl 8 heißt **Nenner**.

Herr Wissbegierig freundlich: Was bedeutet der Strich zwischen dem Nenner und der oberen Zahl?

$\frac{1}{8}$ - Kind: Er heißt **Bruchstrich** und zeigt an, dass wir ursprünglich ein G a n z e s waren und in acht gleich große Stücke aufgeteilt wurden.

Herr Wissbegierig: Die Zahl über dem Bruchstrich hat bestimmt auch einen Namen!

$\frac{1}{8}$ - Kind: Sie heißt **Zähler**, weil du an ihr erkennen kannst, wie groß die Anzahl der anwesenden Familienmitglieder ist. Wir sind z. B. gerade sechs hier, d. h. sechsmal, also …

Im Hintergrund laute Kinderstimmen. Herr Wissbegierig dreht sich um.

Herr Wissbegierig neugierig: Wer seid denn ihr?

$\frac{1}{5}$ - Kind: Wir sind **Fünftel**! Ich bin $\frac{1}{5}$.

Herr Wissbegierig: Aha, du gehörst bestimmt zur Familie **Fünftel**!

$\frac{1}{5}$ - Kind: Woher weißt du das?

Das Gelernte darstellen

Die Lernenden können sich das neu erworbene Wissen besonders nachhaltig aneignen, wenn sie es anderen weitergeben können. Damit sie interessante und abwechslungsreiche Präsentationen gestalten können, sollten sie vom Lernbegleiter gut darauf vorbereitet werden.
Welche Kompetenzen Lernende dafür benötigen, verdeutlicht das folgende Raster.

	Kompetenzen	Stufe A	Stufe B	Stufe C
Gelerntes darstellen	Vortrag halten und visualisieren	Ich kann einen *Vortrag* halten, der klar gegliedert ist. Ich kann laut und deutlich sprechen und Blickkontakt zum Publikum halten. Ich kann zum besseren Verständnis ein *Plakat* dazu gestalten.	Ich kann einen *Vortrag* mithilfe von Stichwortkarten weitgehend frei halten. Ich kann verschiedene Visualisierungstechniken einsetzen, z.B. *Folien* und *Metaplantechnik*.	Ich kann einen Vortrag erfolgreich gestalten und verschiedene geeignete Visualisierungstechniken einsetzen, die meine Darstellung unterstützen, z.B. *PowerPoint*.
	Im Team präsentieren	Ich kann mit einem Partner ein Thema präsentieren, z.B. als *Dialog*.	Ich kann in einer Kleingruppe ein Thema präsentieren, z.B. als *Szenische Präsentation*.	Ich kann allein und im Team Methoden auswählen, die für die Präsentation eines Themas am besten geeignet sind.
	Teilnehmer einbeziehen	Ich kann die Teilnehmer einbeziehen, indem ich mir ein Feedback von ihnen einhole.	Ich kann die Teilnehmer mit Materialien einbeziehen, bei denen sie selbst aktiv werden können, z.B. ein *Rätsel* oder einen *Lückentext*. Ich kann mir ein mündliches Feedback einholen, z.B. mit *Ampelkärtchen*.	Ich kann die Teilnehmer einbeziehen, indem ich ein Handout und weitere Materialien erstelle. Ich kann mir ein mündliches oder schriftliches Feedback einholen, z.B. mit dem *Strahl*.

Dieses Kapitel umfasst:

- Grundlagen
  - Regeln für einen guten Vortrag
  - Präsentationen im Team
- Präsentationsmethoden
  - Dialog
  - Feature
  - Szenische Präsentation
  - Grande Finale
  - Ausstellung
- Präsentationstechniken
  - Plakat
  - Metaplantechnik
  - OHP-Folie
  - PowerPoint-Präsentation
- Bilder und grafische Darstellungen
  - Bilder
  - Grafische Darstellungen

Grundlagen

Regeln für einen guten Vortrag

Die Lernenden können allein oder in Kleingruppen eine Präsentation vorbereiten und durchführen. Dabei können die hier aufgeführten Grundlagen eine gute Hilfe sein. Sie gelten für nahezu alle Präsentationsmethoden.

Vorbereitung:

Bei der Vorbereitung müssen sich die Lernenden zuerst überlegen, unter welchen Rahmenbedingungen ihre Präsentation stattfindet.

- Zielgruppe: Für wen präsentieren wir? Welche Erwartungen hat unsere Zielgruppe?
- Ort: Wo präsentieren wir?
- Zeit: Wie viel Zeit haben wir für die Präsentation?
- Ablauf: In welchem Rahmen findet unsere Präsentation statt?
- Medien/Technik: Welche Medien und technischen Hilfsmittel stehen uns zur Verfügung?[31]

Gestaltung:

Damit die Teilnehmenden die Informationen möglichst gut aufnehmen können, gelten für die Gestaltung der Präsentation folgende Grundregeln:

- klare Struktur
- anschauliche Darstellung
- möglichst viele Sinne einbeziehen

„Der Anfang prägt – das Ende haftet.“[32]

Dieser Satz macht deutlich, dass nicht nur die Gestaltung des Hauptteils gut gelungen sein muss, sondern auch Einleitung und Schluss wichtig für einen erfolgreichen Vortrag sind.

Als **Einleitung** wählen die Lernenden auf die Zielgruppe abgestimmte Begrüßungsworte. Als Einstieg ins Thema können sie ein passendes Beispiel vorstellen, von der eigenen Erfahrung mit dem Thema berichten, ein Bild oder einen Gegenstand zeigen, ein Zitat vorstellen. Außerdem geben sie einen kurzen Überblick über das, was sie vortragen werden.

31 Klein: Lernen mit Projekten, S. 132 ff.
32 Schildt/Kürsteiner: 100 Tipps und Tricks, S. 28

Im **Hauptteil** stellen sie den ausgewählten Inhalt möglichst interessant, anschaulich und verständlich dar. Mit Beispielen und bildhaften Darstellungen können sie den Vortrag beleben.
Im **Schlussteil** können sie die wichtigsten Gedanken noch einmal zusammenfassen, einen Ausblick geben oder den Bogen zum Anfang schlagen, vielleicht mit dem gleichen oder einem ähnlichen Bild, das sie am Anfang gezeigt haben.

Durchführung:
Die Lernenden sollten den Vortrag nicht ablesen, sondern möglichst frei sprechen. Dafür erstellen sie als Gedächtnisstütze Karten mit Stichwörtern und nummerieren diese in der richtigen Reihenfolge. Ein Vortrag mit kurzen und knappen Sätzen trägt zur besseren Verständlichkeit bei.
Die Präsentation kann in unterschiedlichen Kontexten geschehen, z. B. in kleinem Rahmen vor dem Lernbegleiter oder auch vor einem größeren Publikum. Da nicht jeder die Begabung hat, vor einer größeren Gruppe etwas darzustellen, müssen die Lernenden Hinweise bekommen, wie sie Präsentationen vorbereiten und gestalten können. Sie üben diese erst in kleinem Rahmen vor wenigen Teilnehmern, damit sie Sicherheit gewinnen können. Wenn sie unter diesen Bedingungen ihr Wissen mehrmals weitergegeben haben, werden sie allmählich die Scheu verlieren, vor einem größeren Publikum aufzutreten.

Anleitung für Lernende:

Sieben wichtige Regeln für Präsentationen

1. „Der Anfang prägt." Beginne deine Präsentation mit einleitenden Worten und stelle vor, auf was du eingehen wirst.
2. Sprich laut und deutlich.
3. Nimm Blickkontakt zu den Zuhörern auf.
4. Sprich „frei" (Stichwortzettel) und drücke dich verständlich aus.
5. Beachte, dass deine Plakate und Folien von allen gelesen werden können.
6. Gib deinen Zuhörern/Zuschauern Zeit zum Aufnehmen der Informationen.
7. „Das Ende haftet." Beende deine Präsentation mit einem passenden Schlusssatz.[33]

33 Klein: Lernen mit Projekten, S. 140

Beispiel: Ein für Schüler erstelltes Plakat, konzipiert von einer Gruppe von jungen Lehrern[34]

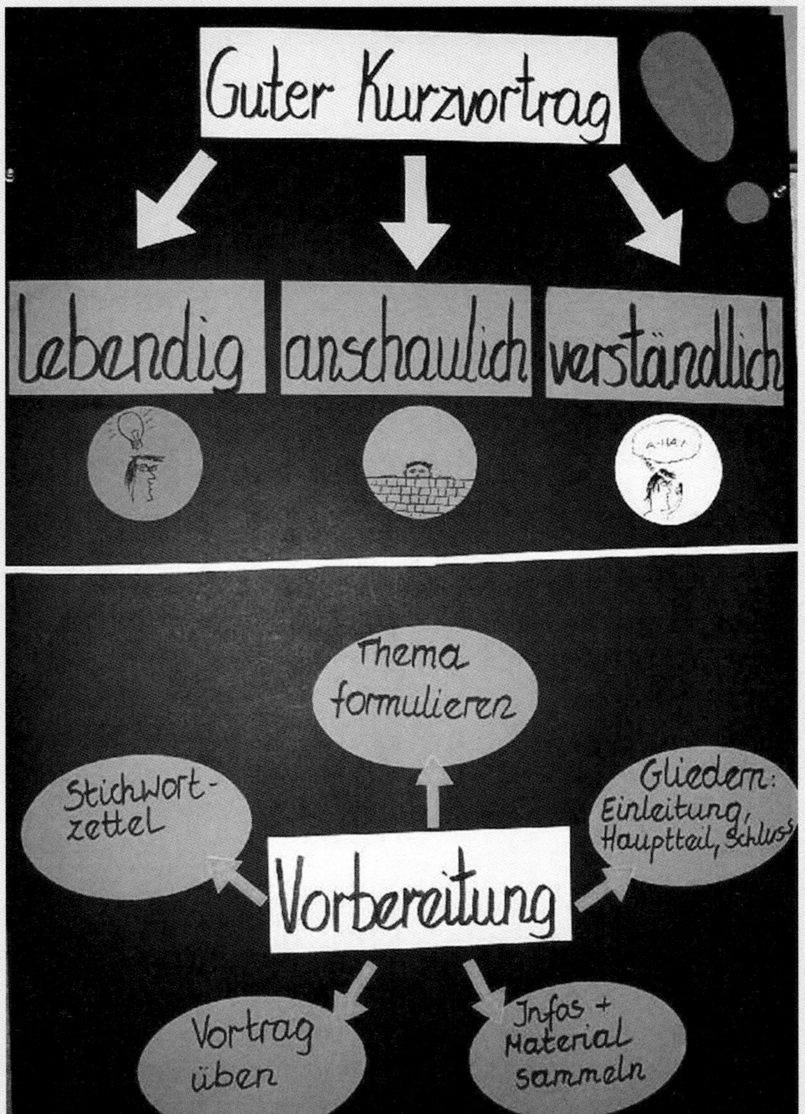

34 Zusammenfassung auf dem Plakat nach W. Mattes: Methoden für den Unterricht, S. 108

Präsentationen im Team

Häufig führen die Lernenden ihre Präsentationen im Team durch. Teampräsentationen sind abwechslungsreicher, aber auch anspruchsvoller als die Präsentationen eines Einzelnen. Allerdings fühlen sich die Lernenden im Team sicherer.

Beschreibung:

Eine Teampräsentation erfordert eine gut durchdachte Planung und Abstimmung innerhalb der Gruppe.
Nach Abklärung der Rahmenbedingungen überlegen die Gruppenmitglieder in Form eines Brainstormings, welche Inhalte sie in ihrer Präsentation vorstellen möchten, und strukturieren sie z.B. in Form einer Concept-Map[35].
Jedes Teammitglied übernimmt einen Schwerpunkt, der mit den anderen Schwerpunkten verknüpft werden muss, damit ein gemeinsames Ganzes entsteht. Dabei sollten die Lernenden darauf achten, dass sie die Anteile unter den Gruppenmitgliedern möglichst gleichmäßig verteilen und die besonderen Fähigkeiten der einzelnen zum Tragen kommen können.
Bei der Ausarbeitung der Einzelbeiträge bearbeitet jedes Gruppenmitglied zunächst den eigenen Schwerpunkt und erstellt bei umfangreicheren Inhalten dazu eine Gliederung. Wichtige Stichwörter schreiben die Lernenden als Gedächtnisstütze auf Kärtchen, denn sie sollen den Vortrag weitgehend frei halten. Außerdem überlegt sich jedes Gruppenmitglied eine geeignete Präsentationsform, die seiner Art und Begabung am meisten entspricht.
Nach den Vorarbeiten der einzelnen Gruppenmitglieder wird die Abstimmung im Team vorgenommen. Sie stimmen die einzelnen Beiträge in der Gruppe aufeinander ab und wählen die geeigneten Präsentationsformen aus.

Anmerkungen:

Damit die unterschiedlichen Begabungen auch zum Tragen kommen, müssen die Lernenden die Teampräsentation vorher genau planen und einüben. Wie wichtig das ist, unterschätzen die Lernenden häufig.

35 Kapitel „Üben und vertiefen," S. 122/123

Darstellen

Die Teampräsentation macht den Lernenden in der Regel mehr Spaß als eine Einzelpräsentation, wie sie häufig in Prüfungssituationen vorkommt. Hier gilt das gleiche wie für alle kooperativen Arbeitsformen: Jeder kann erst einmal individuell seine Konzeption vorbereiten, dann geht es in den Austausch, und bei einem gut funktionierenden Team kommen so oftmals die besten Ergebnisse zustande.

Anleitung für Lernende:

Um eure Beiträge gut aufeinander abzustimmen, solltet ihr euch mit folgenden Überlegungen beschäftigen:

- Welches Gruppenmitglied moderiert die Präsentation?
- Wer übernimmt die Einleitung, begrüßt und stellt u. U. das Team vor?
- Wer gibt eine Übersicht über den geplanten Verlauf?
- Wie verbinden wir die einzelnen Beiträge miteinander und wie leiten wir zum nächsten Beitrag über?
- Wer übernimmt die Zusammenfassung und den Abschluss?

Vielleicht könnt ihr die Stärken der einzelnen Teammitglieder bei der Verteilung berücksichtigen, auch beim Einsatz der Medien und Präsentationsformen.[36]

Nachdem die Lernenden diese Fragen geklärt haben, formulieren sie gemeinsam die erforderlichen Texte und Überleitungen.
Beim wiederholten Durchspielen der Präsentation kann jedes Gruppenmitglied einmal die Rolle des Kritikers übernehmen und den Gruppenmitgliedern Feedback geben. So wird der Gruppe deutlich, ob ihr Aufbau nachvollziehbar ist, die Inhalte verständlich sind und die Präsentation abwechslungsreich gestaltet ist.

36 Klein: Lernen mit Projekten, S. 140 ff.

Präsentationsmethoden

Dialog

Der Dialog, den zwei Vortragende gestalten, ist eine abwechslungsreiche Art, das Gelernte darzustellen. Sie erfordert eine gute Vorbereitung.

Weitere Einsatzmöglichkeiten:
- Gelerntes darstellen
- Vorwissen aktivieren

Sozialformen:
- individuelles und kooperatives Arbeiten bei der Vorbereitung
- gemeinsame Vorstellung im Plenum

Beschreibung:
Zwei Lernende, die sich inhaltlich gründlich auf ihr Thema vorbereitet haben, präsentieren diese Informationen in einem Zwiegespräch.
Sie können sich zwischen zwei Varianten entscheiden:
a) Die Dialogpartner sind gleichberechtigt, d. h. sie unterhalten sich über das Thema, führen ein Gespräch, indem das Thema für die Zuhörer Schritt für Schritt entwickelt wird.
b) Einer der beiden Partner gibt die Struktur des Dialogs vor, indem er Fragen, Anregungen und Einwände formuliert, auf die die andere Person ausführlich eingeht.
Nach der Einführung in das Thema erörtern sie die Schwerpunkte. Zum Schluss können sie das Wichtigste noch einmal zusammenfassen.

Anmerkungen:
Der Dialog muss klar und überschaubar strukturiert sein. Wichtiger Bestandteil ist das gegenseitige Eingehen der Vortragenden auf die Gedanken, Nachfragen und eventuell auch Einwände des Partners. Das erleichtert den Zuhörern das Mitdenken und Nachvollziehen des Vorgetragenen.

Da die Vortragenden sich abwechseln, ist der Dialog lebendig und die anderen können gut zuhören. Durch Wiederholungen und gestische Unterstreichungen wird ihnen das Verstehen auch schwieriger Sachverhalte ermöglicht.

Materialien:

❑ Texte zur Vorbereitung für den Dialog

Beispiel: Die abschließende Reflexion ihres Projekts präsentierten zwei Schüler in Form eines Dialogs:

Jan: Wie fandst du denn unser Projekt? Das war doch viel harte Arbeit, oder?

Lisa: Ja, da hast du schon recht, und es war auch sehr zeitaufwändig.

Jan: Es gab am Anfang viele Probleme, denn viele wussten nicht, wie man auf die Kunden zugeht, denen wir das Kochbuch verkaufen wollten, und wie man richtig präsentiert.

Lisa: Ja, das stimmt, und manche hatten auch Angst, dass sie bei den Kunden auf Ablehnung stoßen würden. Außerdem hatten wir ziemlich viel Zeitdruck.

Jan: Aber insgesamt war es doch ein Jahr mit vielen tollen Erfahrungen.

Lisa: Das fand ich auch. Wir haben viel Interessantes miteinander erlebt.[37]

Feature

Das Feature bietet sich an als multimedialer Abschluss eines Themas, das nach einer längeren Arbeitsphase von einer Gruppe von Lernenden präsentiert wird.

Einsatzmöglichkeiten:

- Gelerntes darstellen
- Vorwissen aktivieren

37 Klein: Lernen mit Projekten, S. 139

Sozialformen:

- individuelles und kooperatives Arbeiten bei der Vorbereitung
- Präsentation im Plenum

Beschreibung:

Unter „Feature" wird eine Mischform verstanden, die vor allem die Elemente Information und Unterhaltung verbindet und zusätzlich mit Bildern und Musik kombiniert. Das Besondere daran ist, dass gleichzeitig mehrere Reize geboten werden, z.B. kann zu einem Bild Musik eingespielt bzw. ein Text vorgetragen werden. [38]

Die Lernenden stellen für die Präsentation ihres Themas vielfältige Materialien zusammen, die möglichst viele Sinne ansprechen. Dazu entwickeln sie einen Plan, bei dem sie genau abstimmen müssen, was gleichzeitig ablaufen soll.

Gut geeignet für das Feature ist eine Bildkartei zu einer thematischen Einheit. Sie kann die Grundlage bilden, wenn die Vortragenden sich abwechseln, Musik einspielen und meditative, informative oder auch provokative Einlagen einfügen.

Eingesetzt werden außerdem unterschiedliche Arten von Texten, z.B. Berichte, Schilderungen und dramatische Szenen. Ebenso geeignet sind Liedtexte, Gedichte, Auszüge aus Reden und Memoiren.

Anmerkungen:

Das Feature muss sorgfältig zusammengestellt werden, weil oftmals nur Ausschnitte aus Musikstücken und Texten verwendet werden können. Es ist als Einstieg in ein Themengebiet ebenso geeignet wie als vertiefender Abschluss.

Das Thema kann in einem harmonischen Fluss dargestellt werden oder kontrastierend oder gar provozierend. Wichtig ist, dass die Teilnehmer bei der Präsentation genügend Zeit haben, die Bilder in Ruhe zu betrachten und die Musik und die Texte nachwirken zu lassen.

Das Feature kann vom Lernbegleiter entwickelt werden, zunehmend allerdings auch von den Lernenden, wenn sie das Prinzip verstanden haben. Die Zusammenstellung und der Vortrag machen ihnen Spaß, weil jeder sich mit

38 Fiederle: Methoden-Feature, S. 126 f.

Bildern, Texten, Musik etc. einbringen kann und die Präsentation sehr abwechslungsreich und lebendig ist.
Durch die Bearbeitung mit PowerPoint wird die Zusammenstellung eines Features erleichtert, wobei die Bilder nur kurz zu sehen sind und nicht mehr für den Gesamteindruck zur Verfügung stehen.

Materialien:
- ❑ Bilder bzw. Bildkarteien
- ❑ Musik
- ❑ Texte
- ❑ OHP-Folien, Folienpuzzles

Beispiel: Programm für ein Feature im Fach Geschichte zu den 20er Jahren
Alles, was auf gleicher Höhe steht, läuft gleichzeitig ab, d.h. es läuft Musik, es werden Bilder aus der Bildkartei aufgestellt oder aufgehängt, über OHP oder Beamer werden Folien gezeigt und kurze Texte vorgelesen (dabei wird die Musik leiser gestellt).

Musik	Bilder	Folien	Texte
1. Ich hab das Fräulein Helen …	Weimar: Frauenwahlrecht Turnerinnen Atelierfest FKK	e.o.plauen: Vater und Sohn	
2. Duke Ellington, The Mooche	Autoausstellung Avus-Unfall Flugzeug Boxer Flandern	e.o.plauen: Vater und Sohn	E. Kästner: Kennst du das Land, wo die Kanonen blühn?
3. Veronika, der Lenz ist da	Tanzpaar Bogenschießen Wandervögel		Text über Film, Rundfunk, Schlager, Tänze: Veronika, der Lenz ist da …
4. Marlene Dietrich, Allein in einer großen Stadt	Karstadt Bauhaus Megalopolis	e.o.plauen: Vater und Sohn	Brecht: Ich bin aufgewachsen als Sohn wohlhabender Leute …

Musik	Bilder	Folien	Texte
5. Count Basie, My Old Flame	Kinder auf der Straße Kinder im Hinterhof		Brecht: Denn die einen …
6. Marlene Dietrich, Wo ist der Mann …	Recht auf Liebe Tippse Mode Frauen in der Stadt	Marlene Dietrich	„Damenmode wird immer männlicher …“
7. Hans Albers, Gigolo	Rundfunkerfinder Arbeitsloser Charlie Chaplin	Otto Dix: Großstadt	

Szenische Präsentation

Eine anspruchsvolle und spannende Form der Präsentation ist die szenische Präsentation, die zu den interaktiven Präsentationsformen gehört.

Einsatzmöglichkeiten:

- Gelerntes darstellen
- Vorwissen aktivieren

Sozialformen:

- individuelles und kooperatives Arbeiten bei der Vorbereitung
- Präsentation im Plenum

Beschreibung:

Eine Gruppe von mehreren Lernenden hat sich inhaltlich gründlich auf ein Thema vorbereitet. Sie präsentieren ihre Informationen, indem zwei von ihnen als Paar in einem Zwiegespräch den Raum betreten und sich gut vernehmlich über die Einleitung zu diesem Thema unterhalten.
Die übrigen Gruppenmitglieder sind unter den Zuhörern verteilt. Auf bestimmte Stichworte des Paares hin (die von ihnen auf einem Spruchband, auf einer Tafel oder durch einen Gegenstand visualisiert werden können) steht einer aus der Gruppe, der unter den Zuschauern sitzt, auf und ergänzt durch seine Informationen das Gespräch. Anschließend können andere Gruppenmitglieder zu Wort kommen.
Die Leitung liegt bei dem Paar, das begonnen hat.

Anmerkungen:

Die Inszenierung muss gut aufeinander abgestimmt sein. Auch Gegenstände oder Begriffe, die bei dem Thema eine Rolle spielen, können durch die Mitspielenden im Publikum personifiziert werden.

Wichtig für das Einprägen sind Wiederholungen, Ergänzungen und gestische Unterstreichungen.[39]

Beispiel:

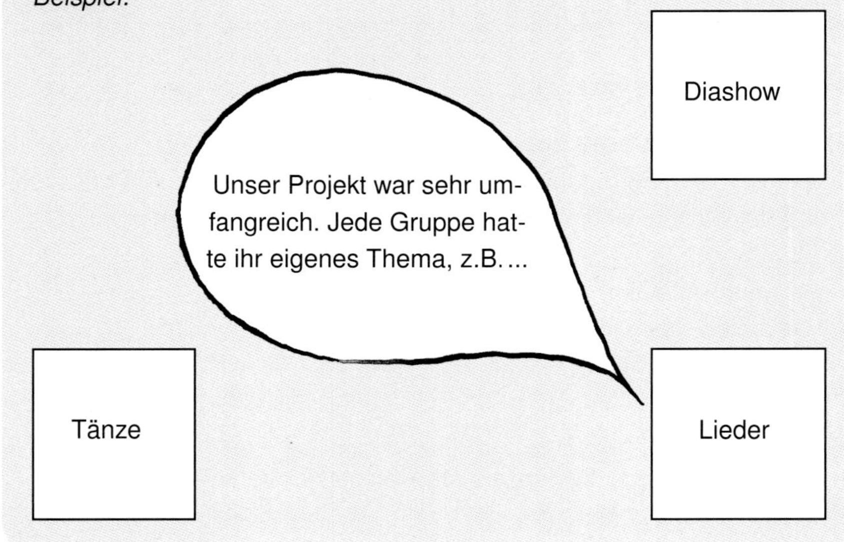

Grande Finale

Das Grande Finale ermöglicht den Lernenden, zu einem umfangreichen Thema vielfältige Informationen zu geben, indem sie in Gruppen unterschiedliche Schwerpunkte vorstellen.

Einsatzmöglichkeiten:

- Gelerntes darstellen
- Vorwissen aktivieren

39 Klein: Lernen mit Projekten, S. 139 f.

Sozialformen:

- individuelles und kooperatives Arbeiten bei der Vorbereitung
- Präsentation im Plenum

Beschreibung:

Das Grande Finale kombiniert mehrere bereits erwähnte Präsentationsformen.

Zum Abschluss einer Unterrichtseinheit bereiten sich die verschiedenen Gruppen auf die Präsentation eines Teilbereichs des bearbeiteten Themas vor. Jede Gruppe überlegt zuerst in eigener Regie, wie sie ihren Bereich präsentieren kann.

Eine Sondergruppe bekommt (eventuell per Los) die Aufgabe, die einzelnen Präsentationen aufeinander abzustimmen. Sie übernimmt also keinen Teilbereich des Themas, sondern bekommt einen Einblick in alle Bereiche, denn sie legt nicht nur die Reihenfolge der Gruppen fest, sondern plant Verknüpfungen und Übergänge. Sie erstellt ihre Konzeption und Moderation in ständigem Kontakt mit den verschiedenen Gruppen.

Anmerkungen:

Das Grande Finale ermöglicht eine abwechslungsreiche Vorstellung der Ergebnisse einer längeren Arbeitsphase, eventuell zu einem besonderen Anlass. Trotz der Vielfalt sollte allerdings immer der „rote Faden“ erkennbar sein.

Das Motto des Grande Finale: **Alle machen mit!**

Mögliche Variante aus dem Kooperativen Lernen: Einer bleibt, die anderen gehen …[40] Die Lernenden informieren sich über die Ergebnisse der anderen Gruppen, indem sie auf ein Zeichen von Tisch zu Tisch gehen (Zeitvorgabe: 3 bis 5 Minuten). Ein Teilnehmer bleibt beim eigenen Stand, um die Ergebnisse zu erläutern. Nach jeweils einer Runde wird gewechselt, damit jeder sich über die Ergebnisse der anderen Gruppen informieren kann.

Materialien:

- ☐ Bilder, Texte, Musik, Plakate, Tafeln, Pinnwände, Tische, Gegenstände u. v. a. m.

40 Vgl. Friedrich Jahresheft 2008

Ausstellung

Eine Ausstellung liefert Informationen über ein umfangreiches Thema, zu dem die Lernenden unterschiedliche Schwerpunkte vorstellen. Die Zusammenstellung ist sehr aufwändig. Deshalb findet eine Präsentation von Arbeitsergebnissen in dieser Form nach einer längeren Arbeitsphase oder zu einem besonderen Anlass statt.

Einsatzmöglichkeiten:

- Gelerntes darstellen
- Vorwissen aktivieren

Sozialformen:

- individuelles und kooperatives Arbeiten bei der Vorbereitung
- Präsentation im Plenum, auch vor einem größeren Publikum

Beschreibung:

Die Lernenden entwickeln mit der Hilfe des Lernbegleiters ein Konzept für die Ausstellung zu einem thematischen Schwerpunkt. Dazu tragen sie benötigtes Material schon längere Zeit im Voraus zusammen und erstellen in Gruppen z.B. Plakate, Bilder, Collagen. Passende Musik oder Geräusche sind eine gute Ergänzung.

Die Ausstellung muss überschaubar sein und eine schnelle Orientierung ermöglichen. Eine Hilfe dabei sind Farben, die bestimmte Bereiche markieren, große Überschriften, wiederkehrende Bilder und Symbole. Die Lernenden können auch einen Handzettel oder Leitfaden für die Besucher erstellen.

Anmerkungen:

Manchmal stehen auch Modelle oder andere Anschauungsobjekte zur Verfügung, eine Bereicherung für jede Präsentation, vor allem für das Grande Finale und die Ausstellung.

Die Ausstellung wird von den Lernenden selbst erstellt, d.h. sie sind aktiv beteiligt und nicht bloß Besucher oder Betrachter. Sie können auch als Führer durch die Ausstellung tätig sein.

Materialien:

- ☐ geeignete Materialien zum Ausstellungsthema

- ❑ Stellwände
- ❑ Tische
- ❑ eventuell Regale oder Vitrinen

Beispiel: Ausstellung zur Geschichte der Schule „Aus der Schule geplaudert“

Darstellen

Präsentationstechniken

Plakat

Das Plakat ist geeignet, um einen Vortrag auch vor einer größeren Gruppe zu visualisieren. Es enthält die wichtigsten Informationen und ist übersichtlich strukturiert.

Beschreibung:

Bevor die Lernenden das Plakat endgültig gestalten, fertigen sie einen Entwurf mit allen Texten – stichwortartig geschrieben – und der genauen Anordnung in kleinerem Format an.
Sie schreiben die Texte nicht direkt auf das Plakat, sondern auf Streifen, Kärtchen etc.; so können sie Korrekturen leichter vornehmen. Bevor sie die Karten aufkleben, müssen sie die Gesamtgestaltung geplant haben.
Zur besseren Verständlichkeit können die Lernenden ein oder zwei Bilder, Schaubilder oder Zeichnungen einfügen, die für das Thema von Bedeutung sind. Allerdings müssen sie darauf achten, dass sie groß genug und gut erkennbar sind.
Für die Erstellung eines Plakats sind die unten zusammengestellten Regeln eine gute Hilfe.

Anmerkungen:

- Bevor die Lernenden ein Plakat erstellen, müssen sie sich intensiv mit dem Thema beschäftigt haben. Sie müssen die Inhalte auf das Wichtigste reduzieren und eine klare Struktur entwickeln. Diese Fähigkeiten werden bei der Erstellung eines Plakats in besonderem Maße gefördert.
- Durch Plakate, die über längere Zeit sichtbar aufgehängt sind, können die Lernenden sich die dargestellten Inhalte besser einprägen.
- Bevor die Plakate abgenommen werden, können sie fotografiert und als Diashow für eine Wiederholung des Themas eingesetzt werden.
- Die Gestaltung von Plakaten macht den meisten Lernenden Spaß, denn sie können vielfältige, vor allem auch kreative Fähigkeiten einbringen und sich praktisch betätigen.

Materialien:

- ❑ Papierbogen ca. 70 x 100 cm

- ❑ Marker mit breiter Spitze
- ❑ Moderationskärtchen oder buntes Papier in verschiedenen Formaten
- ❑ eventuell vergrößerte Kopien von Bildern zum Thema

Regeln für die Gestaltung von Lernplakaten mit **4 Kriterien für Anfänger**

Regeln für die Gestaltung von Lernplakaten mit **7 Kriterien für Fortgeschrittene**

Arbeitsschritte für die Erstellung von Plakaten:

1. Jede/r von euch arbeitet zuerst allein den Text mehrmals gründlich durch und notiert sich wichtige Stichwörter. *Zeit: ca. 15 Minuten*
2. Ihr besprecht den Text in der Gruppe, bis jede/r ihn verstanden hat. *Zeit: ca. 15 Minuten*
3. Gemeinsam überlegt ihr:
   - Welche Informationen sind so wichtig, dass sie auf dem Plakat erscheinen sollten?
   - Wie können wir sie so darstellen, dass sie leicht verständlich sind?
   - Brauchen wir Bilder, können wir den Inhalt durch Zeichnungen, Symbole etc. verdeutlichen?
4. Ihr skizziert den Vorentwurf. Ihr formuliert die Texte und wählt die Bilder aus. Die Texte müssen auch in der letzten Bank noch zu lesen und die Bilder gut zu erkennen sein!
5. Ihr gestaltet die endgültige Fassung, erst ganz zum Schluss klebt ihr die Texte und die Bilder auf das Plakat und ergänzt eventuell Linien oder Pfeile.
6. Ihr klärt, wer welchen Teil der Präsentation übernimmt und übt sie ein.

Beispiel: Auswertung der Erfahrungen bei der Berufsorientierung (Klasse 9)

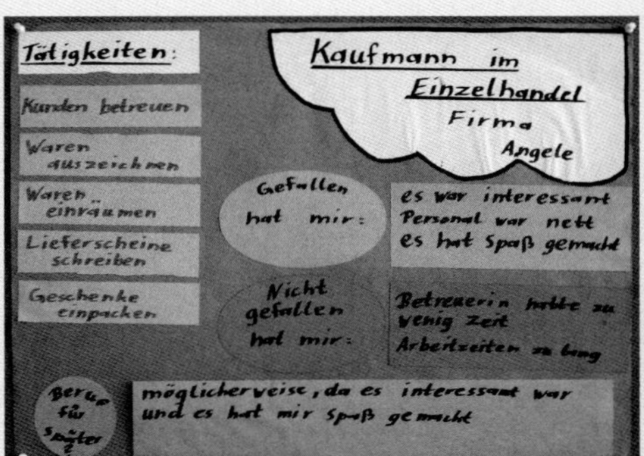

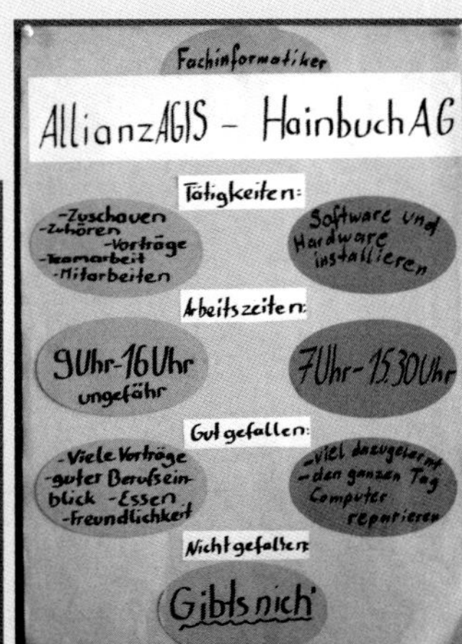

Metaplantechnik

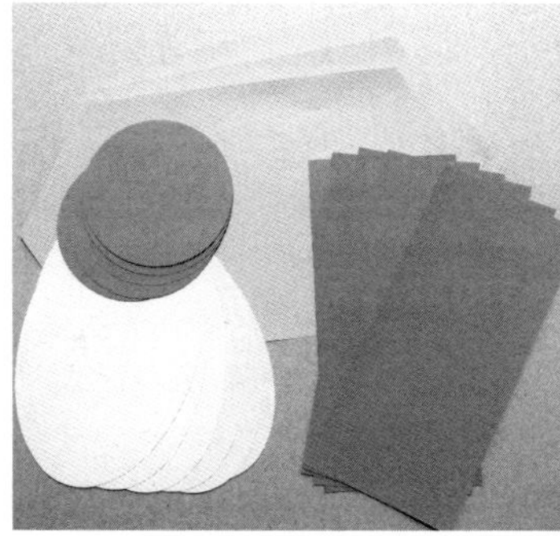

Metaplankarten bieten die Möglichkeit, Inhalte kurz und bündig vorzustellen und übersichtlich zu strukturieren.

Beschreibung:

Die Lernenden können Karten in verschiedenen Größen und Farben verwenden. Da die Karten nur stichwortartig beschriftet werden, müssen die Lernenden das Thema auf die wesentlichsten Informationen beschränken. Das setzt eine intensive Beschäftigung mit dem Thema voraus.
Für die Schreibweise gelten die folgenden Kriterien:

- Groß- und Kleinbuchstaben in Druckschrift
- Buchstaben eng aneinander
- Schrifthöhe mind. 3 cm bis zu einem Abstand von 5 m
- Schriftblöcke mit höchstens 3 Zeilen

Bevor die Lernenden die Karten beschriften, skizzieren sie in der Gruppe einen Entwurf mit allen Stichworten. Dabei achten sie besonders auf eine sinnvolle und übersichtliche Anordnung.
Sie heften die Karten mit Nadeln an eine Pinnwand oder hängen sie mit kleinen Magneten an die Tafel.

Anmerkungen:

- Metaplankarten gibt es im Bürobedarf oder im Versandhandel. Es gibt sie in verschiedenen Farben und Formen, je nach Anbieter. Die Karten können aber auch leicht selbst hergestellt werden, indem farbige DIN-A4-Bogen passend zurechtgeschnitten werden.
- Die Lernenden heften die Karten entweder mit Nadeln an eine Pinnwand oder hängen sie mit kleinen Magneten an die Tafel.
- Zu den Textkarten können sie auch Karten mit Symbolen ergänzen, z.B. mit Pfeilen, Linien, Smileys etc.

Präsentationen mit Metaplankarten sind eine Methode für fortgeschrittene Lerner. Sie können mit dieser Technik die Struktur ihrer Präsentation während des Vortrags entwickeln.

Beispiele für Präsentationstechniken:[41]

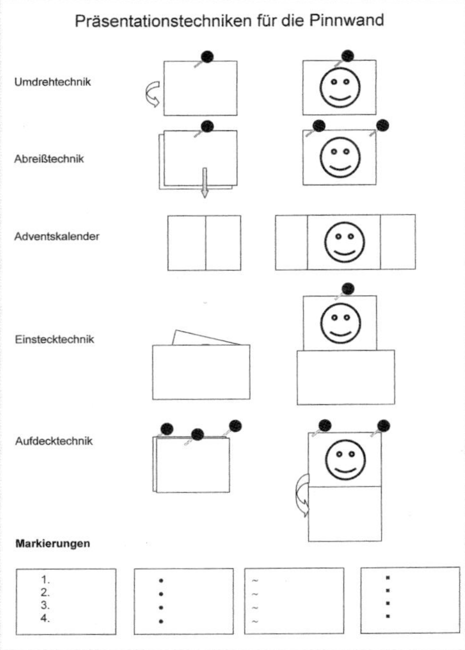

- Umdrehtechnik: Die Karten sind bereits umgedreht angebracht und werden nach und nach aufgedeckt.
- Abreißtechnik: Die Karten werden durch andere Karten abgedeckt, die im Verlauf der Präsentation entfernt werden.
- Adventskalender: Die Seitenteile verdecken den mittleren Teil.
- Einstecktechnik: Die Karten sind in eine Tasche eingeschoben, werden herausgezogen und angepinnt.
- Aufdecktechnik: Die Karte ist zusammengefaltet angepinnt und wird dann aufgeklappt.[42]

Anmerkungen:

- Die Metaplantechnik fördert bei den Lernenden die Fähigkeit, sich auf wichtige Informationen zu beschränken und ein Thema zu strukturieren.
- Tipp: Jede Gruppe bekommt vom Lernbegleiter z.B. 20 Karten in drei verschiedenen Farben und 4 verschiedenen Größen. Jede Gruppe darf davon nur 15 Karten verwenden. Damit kann der Lernbegleiter einer Verschwendung von Karten vorbeugen, außerdem sind die Lernenden damit zusätzlich gefordert, eine sinnvolle Struktur zu entwickeln.
- Wichtiger Hinweis: Der Vortragende sollte sich nach dem Anheften einer Karte umdrehen, bevor er anfängt zu reden: **3 x „T“: T**ouch – **T**urn – **T**alk.

41 Quelle: Siglinde Plapp: Schülerfortbildung
42 Weitere interessante Ideen in Weidenmann: 100 Tipps & Tricks

Bei einer Teampräsentation kann auch einer vortragen und ein Teampartner heftet die Karten an.[43]

Beispiel: Präsentation einer Projektgruppe zum Thema „Altenheime". Nach und nach werden die Karten umgedreht, die Bilder werden aus der Tasche gezogen und angepinnt. (Klasse 8)

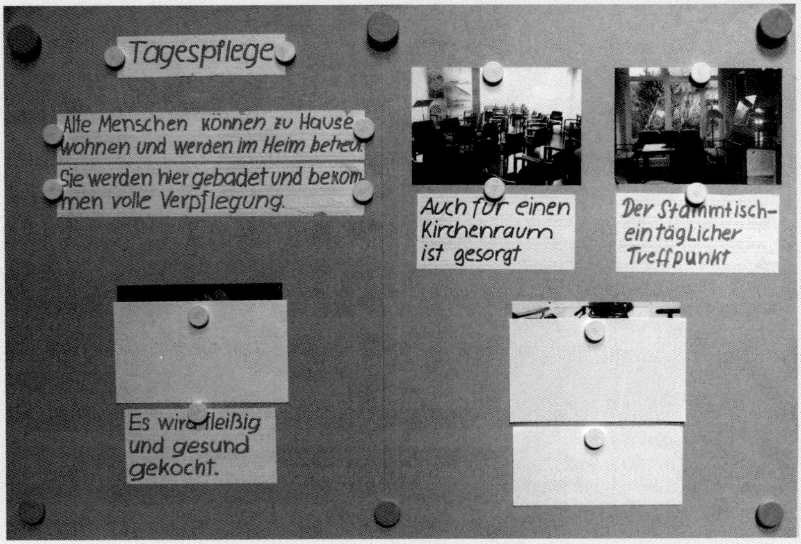

Darstellen

43 Klein: Lernen mit Projekten, 137 ff.

OHP-Folie

OHP-Folien bieten den Lernenden die Möglichkeit, ihren Vortrag über den Overhead-Projektor auch vor einer größeren Gruppe gut sichtbar zu visualisieren. Solche Projektoren sind in Schulen in der Regel vorhanden, oft steht sogar in jeden Klassenraum ein Projektor zur Verfügung.

Beschreibung:

Es gibt für die Lernenden verschiedene Möglichkeiten, die OHP-Folien zu gestalten, zum einen handschriftlich mit Folienstiften, zum anderen mit dem PC, eventuell mit dem PPT-Programm.

Hier geht es um die handschriftlich erstellte Folie, die aufgrund mangelnder Ausstattung mit Beamern in vielen Schulen noch Vorrang hat. Die andere Möglichkeit der Foliengestaltung wird unter „PowerPoint-Präsentation" näher erläutert.

Die inhaltliche Konzeption einer Folie setzt voraus, dass die Lernenden das Thema klar strukturiert haben, sich also intensiv mit dem Thema beschäftigt haben. Der Inhalt ist auf die wichtigsten Informationen beschränkt. Weitere Erläuterungen werden mündlich gegeben.

Bevor die Lernenden eine Folie endgültig beschriften, skizzieren sie einen Entwurf mit Texten, Bildern und der genauen Anordnung. Ansprechender und übersichtlicher kann eine Folie von den Lernenden gestaltet werden, wenn sie verschiedenfarbige Stifte zur Verfügung haben.

Anmerkungen:

- Der Vortragende vergewissert sich an der Projektionsfläche nur kurz, ob die Folie richtig eingeblendet ist. Anschließend bleibt sein Blick auf den Projektor und ins Publikum gerichtet. Um nicht vor der Projektionsfläche zu stehen, sollte er eine Position seitlich der Leinwand einnehmen.
- Wenn er auf eine bestimmte Stelle auf der Folie Bezug nimmt, kann er mit einem Stift oder Zeigestab auf diese Stelle auf der Folie zeigen. Er kann auch Teile der Folie mit einem Blatt Papier abdecken und sie dann nach und nach aufdecken.
- Das Publikum muss ausreichend Zeit haben, sich in eine Folie einzudenken. Beim Folienwechsel sollte der Vortragende eine kurze Pause machen und die **3-W-Technik** einsetzen: Folie **w**echseln, Blickkontakt **w**ieder aufnehmen, dann erst **w**eitersprechen.

- Viele Folien werden mit Informationen und mit zu viel Text überladen. Eine Reduktion auf wesentliche Schlüsselbegriffe und eine gute Strukturierung müssen eingeübt werden.
- Wenn der Vortragende den OHP erst im späteren Verlauf der Präsentation benötigt, kann er bei der Vorbereitung den Projektor ausrichten und am Boden mit Klebeband markieren (eventuell auch die Anlegekante der Folie auf der Glasfläche). Dann hat er gleich die richtige Position, ohne dass etwas verstellt werden muss.

Anleitung für Lernende:

Bei der Gestaltung von Folien müsst ihr folgende **Regeln** beachten:

Schreibweise
- Beschränkung auf eine Schriftart in Groß- und Kleinbuchstaben in einer Höhe von 5 mm bei bis zu 10 m Abstand von den Teilnehmern
- Hervorhebungen entweder andersfarbig oder unterstrichen

Gestaltung
- pro Folie nur ein Thema mit maximal 7 Informationen
- Kurzsätze oder Stichwörter
- erkennbare Struktur durch Hervorheben der Überschrift, Spiegelstriche etc.
- sparsamer und systematischer Einsatz von Farben
- Bild oder Grafik zur Verdeutlichung

Präsentation
- nicht alle Informationen auf einmal, sondern Teile abdecken (Hilfe: Kopie der Folie dazu nutzen)
- Stift oder Zeiger für die aktuell besprochene Stelle

Beispiel: OHP-Folie von Schülern erstellt (Klasse 9)

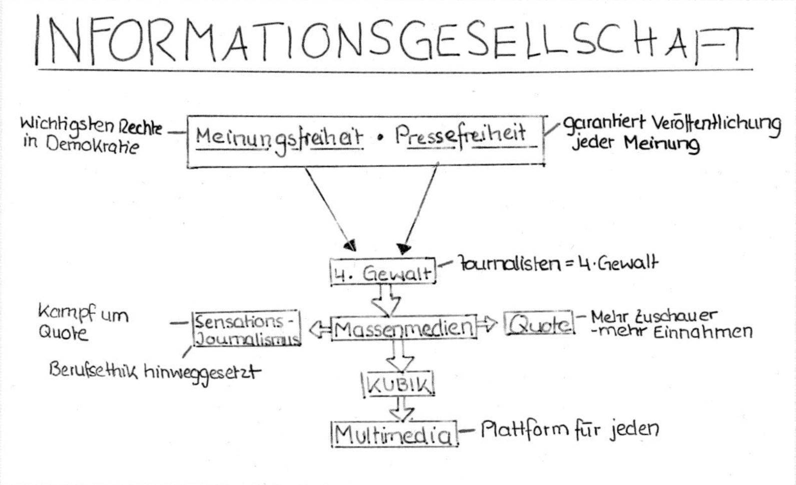

PowerPoint-Präsentation

Immer häufiger gibt es für die Lernenden in den Schulen die Möglichkeit, am PC zu arbeiten und damit Präsentationen zu erstellen, die über den Beamer gezeigt werden können.

Beschreibung:

Die inhaltliche Konzeption einer Folie setzt voraus, dass die Lernenden das Thema klar strukturieren und auf die wichtigsten Informationen beschränken können. Weitere Erläuterungen geben sie in mündlicher Form.
Für die PowerPoint-Folien gelten zum Teil die gleichen Hinweise wie für Overhead-Folien, allerdings sind darüber hinaus weitere Punkte zu bedenken:

Schrift:

- klare Schriften ohne Schnörkel, z.B. Arial, Calibri, Tahoma, Verdana etc.
- durchgängig eine Schriftart in maximal 3 Größen
- Schriftgröße: Überschriften ca. 44, Unterpunkte mindestens 20 PT
- einmal gewählte Schriftgrößen beibehalten

Gestaltung:

- für alle Folien einheitliche Struktur und das gleiche Layout
- neutraler Hintergrund
- sparsame Animationen: lieber weniger als zu viel
- Farben zur Hervorhebung und Strukturierung
- Bilder, Grafiken usw. zur Veranschaulichung
- Textfolien mit maximal sieben Zeilen bzw. sieben Informationen pro Folie
- Kurzsätze oder Stichwörter
- bei längeren Vorträgen: Begrüßungs-, Übersichts- und Abschlussfolie

Weniger ist mehr – das gilt für die Anzahl wie für die Gestaltung der Folien![44]

Beispiel: PowerPoint-Folien von Schülern erstellt (Klasse 9)

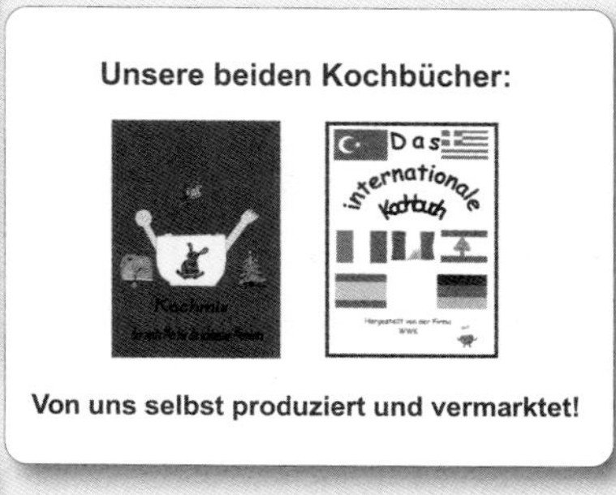

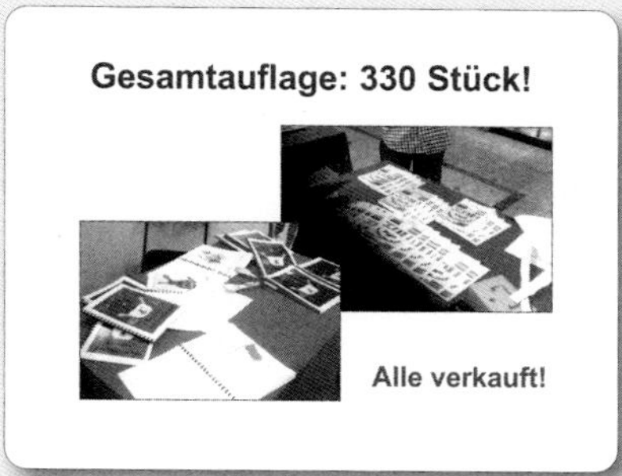

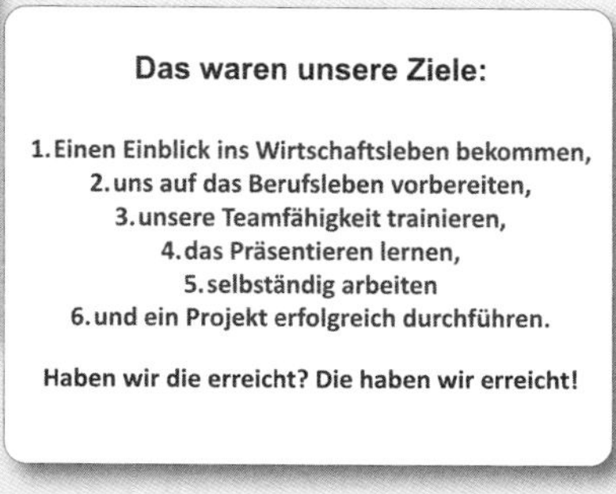

44 Klein: Lernen mit Projekten, S. 134 ff.

Bilder und grafische Darstellungen

Durch den Einsatz von verschiedenen Arten von Bildern und grafischen Darstellungen können die Inhalte eines Vortrags passend, kreativ und eindrücklich unterstützt werden. Dabei gilt vor allem für Plakate und die Metaplantechnik, dass die Bilder und grafischen Darstellungen bei den entsprechenden Distanzen **gut erkennbar** sein müssen, was bei Folien oder Powerpoint-Präsentationen einfacher zu verwirklichen ist.

Bilder

Bilder sind ein Abbild der wirklichen Welt oder stellen diese in irgendeiner Form dar. Dazu gehören Filme, „auch Fotos, Graphiken, Schemata und Zeichnungen. Deshalb unterscheidet man zwischen naturgetreuen (Fotos) und nicht-naturgetreuen (Graphik, Symbol) Bildern." [45]

Vor allem durch **selbst aufgenommene Fotos** und **selbst angefertigte Zeichnungen** lassen sich besondere Effekte erzielen.

Beispiel: Ausgefallene Plakatgestaltung mit eigenen Zeichnungen zur Liebesgeschichte in der Lektüre „Currywurst" (Klasse 10)

45 Quelle: Wiki.infowiss.net

Beispiel: Eindrucksvolles Foto von einem Eichhörnchen auf dem Arm des Vaters

Beispiel: Symbolische Darstellung der Versöhnung zwischen Deutschland und Frankreich nach dem 1. Weltkrieg (Klasse 9)

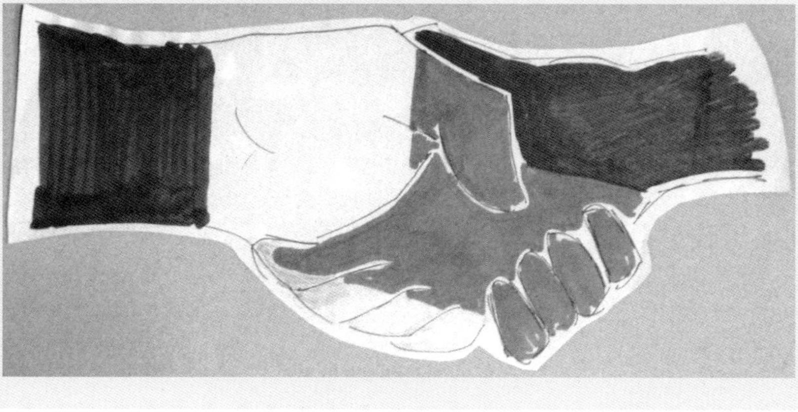

Beispiel: Illustrationen von Schülern zur Lektüre „Hexenfieber" (Klasse 7)

Grafische Darstellungen

Nach dem Gabler Wirtschaftslexikon wird der Begriff „grafische Darstellung" folgendermaßen definiert: *„Schaubild;* zeichnerische Wiedergabe von sta-

tistischen Daten oder Funktionen, bes. von Häufigkeitsverteilungen, Zeitreihendaten und Beobachtungswertepaaren."[46]
In diesem Kapitel werden zu den Diagrammen weitere strukturierte Darstellungen gezählt, nämlich die Mindmap und die Tabelle.

Diagramme

Diagramme sind grafische Darstellungen von Daten oder Informationen, die sich auf diese Weise vergleichend darstellen lassen. Je nach der Zielsetzung des Diagramms werden höchst unterschiedliche Typen eingesetzt.
Verschiedene Diagrammtypen lassen sich auf relativ einfache Weise mit Computerprogrammen, z.B. Excel oder Smart-Art, erstellen, wobei man auch zwischen den Diagrammtypen wechseln kann, um die wirkungsvollste Darstellung auszuwählen. Fünf häufig verwendete Diagrammtypen werden im Folgenden vorgestellt.
Liniendiagramm: Die Punkte werden miteinander durch Linien (Geraden, Kurven) verbunden. Damit ist z.B. ein Trend abzulesen.

Zwei Klimadiagramme mit Temperatur und Niederschlag:

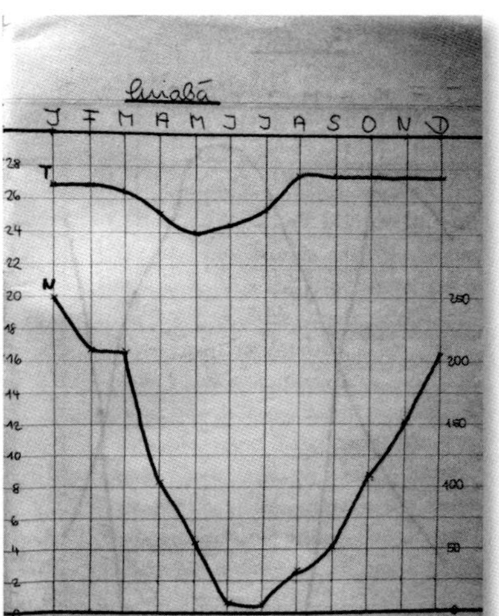

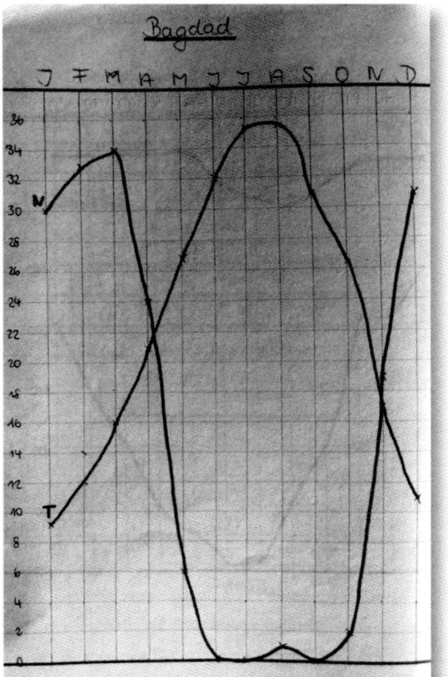

46 http://wirtschaftslexikon.gabler.de/Archiv/8310/grafische-darstellung-v9.html

Säulendiagramm: Durch die unterschiedliche Höhe der jeweiligen Balken lassen sich die Mengen im Vergleich betrachten, auch kann eine Entwicklung von Daten im zeitlichen Verlauf dargestellt werden.

Beispiel: Ergebnisse einer Umfrage für den Ethik-Unterricht (Klasse 9)

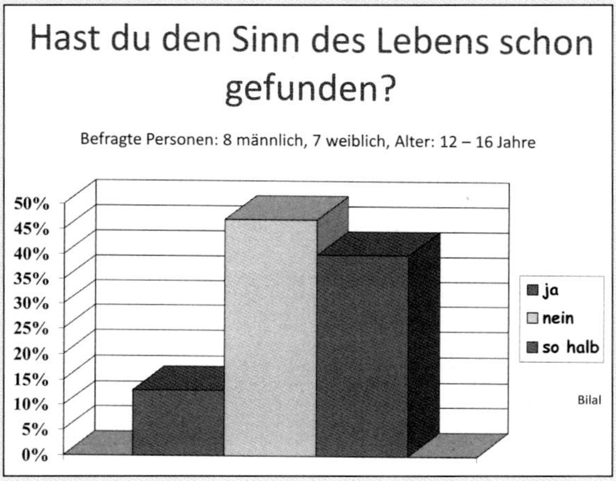

Balkendiagramm: Ähnlich dem Säulendiagramm, allerdings mit waagerechter Darstellung.

Beispiel: Ergebnisse einer Umfrage für den Ethik-Unterricht (Klasse 9)

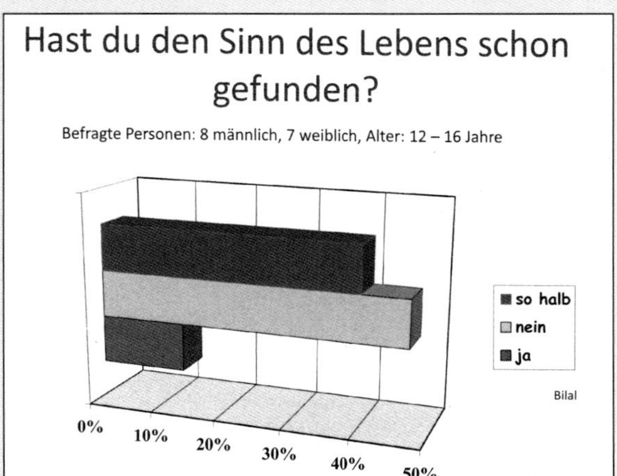

Kreisdiagramm: Sind die Einzelwerte Teile eines Ganzen, so kann man die Werte in Form von Kreissektoren zeichnen. Die Gesamtmenge muss 100 Prozent betragen. So lassen sich die Größenverhältnisse einfach und anschaulich visualisieren. [47]

Beispiel: Ergebnis einer Umfrage für den Ethik-Unterricht (Klasse 9)

Beispiel: Stimmverteilung im 2. Wahlgang, 10.04.1932

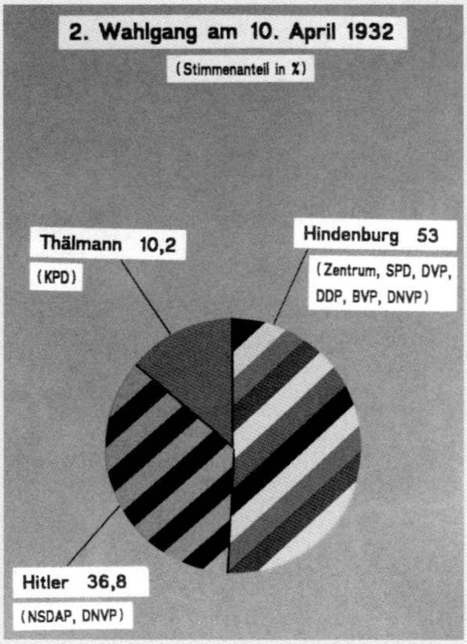

47 Informationen nach: www.teachsam.de/arb/arb_diag_0.htm und de.wikipedia.org/wiki/Diagramm

Flussdiagramm

Mit einem Flussdiagramm können Abläufe verdeutlicht werden, z.B. von geschichtlichen Ereignissen, Erzählungen, Experimenten, Lösungswegen. Formgebung und Größe von Objekten (Kästchen, Kreise etc.), sowie die Strichlänge und -breite (Verbindungslinien, Pfeile etc.) und die Farbgebung sind wirkungsvolle Gestaltungsmittel und sollten möglichst variiert werden.[48] Wenn man den Computer dafür nutzen kann, sind SmartArt-Grafiken dafür besonders geeignet.

Beispiel aus dem Fach Geschichte zur Reichskristallnacht

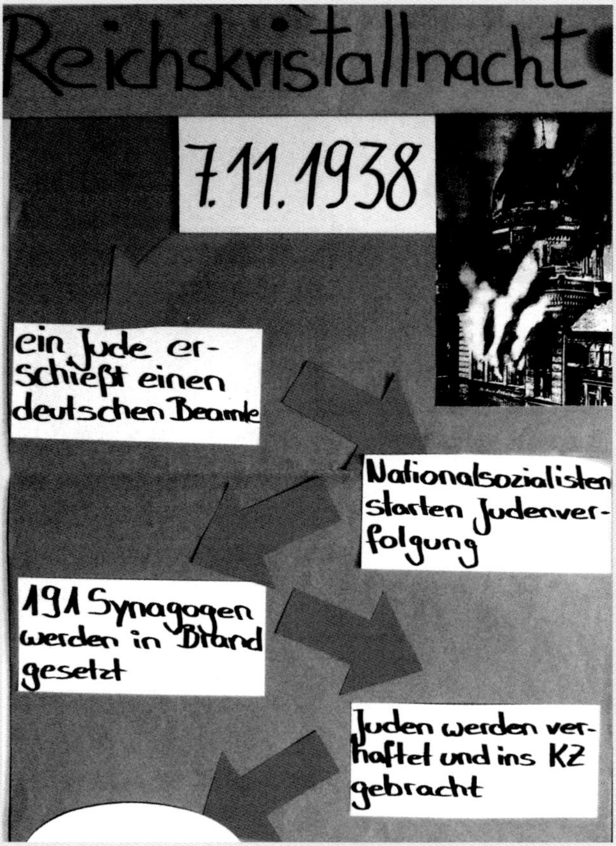

48 http://www.teachsam.de/arb/visua/visua_3_2_5.htm

Mindmap

Zu den grafischen Darstellungen kann auch die Mindmap gezählt werden. Sie ermöglicht eine gute Übersicht, auch über umfangreichere Inhalte. Dabei können auch Verknüpfungen zwischen den einzelnen Ästen aufgezeigt werden können. Die Farbgebung kann dabei ein wichtiges Gestaltungsmittel sein.[49] Kostenlose Mindmap-Programme gibt es als Download.

Beispiel: „Im Westen nichts Neues“: Übersicht über die beteiligten Personen

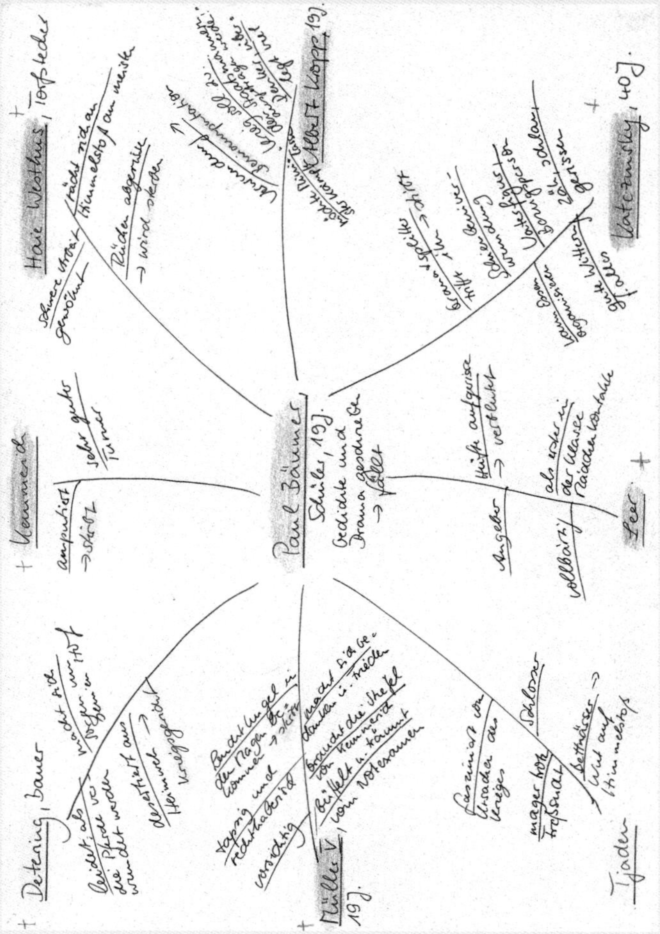

49 Kapitel Kenntnisse erwerben, S. 82 f.

Tabelle

Auch eine Tabelle ermöglicht eine überschaubar angeordnete Übersicht von kurz gefassten Informationen in Form von Texten oder Daten. Die Informationen werden in Zeilen und Spalten gegliedert, die grafisch aneinander ausgerichtet werden. Durch die klare Anordnung lassen sich die Informationen gut vergleichen.

Beispiel: Tabelle zu Widerstand und Verweigerung von Jugendlichen im Nationalsozialismus

Widerstand und Verweigerung von Jugendlichen

Gruppen	**Gruppe G**	**Weiße Rose**	**Edelweißpiraten**	**Swing-Jugend**
Mitglieder	ca. 20 Stuttgarter Jugendliche aus der Arbeiterbewegung	ca. ein Dutzend Münchner Studenten mit Hans und Sophie Scholl u. Prof. Huber	überwiegend junge Arbeiter zwischen 14 und 17 Jahren	Jugendliche aus dem großstädtischen Bürgertum
Aktionen	- Wanderungen - Unterstützung der Familien Verfolgter - Flugblätter	- Flugblätter mit Aufruf z. Widerstand gegen Krieg und Verbrechen der Nazis	- Wanderungen - Prügeleien mit HJ - Flugblätter - Verstecken von Zwangsarbeitern, Juden, geflohenen Häftlingen	- Pflege eines freien Lebensstils - eigene Kultur (Mode, Musik)
Schicksal	- Verhaftung 1934 - üble Folterungen - Zuchthausstrafen - Einweisung ins KZ	- Todesurteile - Haftstrafen	- Folterungen - Gefängnis und KZ Todesstrafen (Jüngster: 16 Jahre)	- systematische u. brutale Verfolgung - Gefängnis u. KZ - Todesurteile durch Alliierte verhindert

Reflektieren

Wenn Lernende die Möglichkeit haben, dem Lernbegleiter und den anderen Lernenden ein **Feedback** zu dem zu geben, was sie erlebt haben, können sie die Metaebene einnehmen und darüber nachdenken, was sie als positiv erlebt haben und was sie gestört oder behindert hat. So können sie Erkenntnisse für ihre weitere Arbeit gewinnen.

Die Reflexion über das eigene Lernverhalten und die eigenen Lernwege ermöglicht den Schülern, neues Wissen **besser zu lernen und nachhaltiger zu behalten**. So können sie die neuen Kenntnisse strukturieren und in das bestehende Wissen einfügen.

Dazu brauchen die Lernenden einen Lernbegleiter, der mit ihnen über ihren Lernprozess spricht und ihnen Möglichkeiten aufzeigt, wie sie diesen Prozess reflektieren und erfolgreich gestalten können. Dieses Vorgehen fördert ihre **Selbstständigkeit und Eigenverantwortlichkeit** in hohem Maße.

Die ausgewählten Methoden ermöglichen den Lernenden das Nachdenken über ihr Lernverhalten, ihren Lernfortschritt und ihren Umgang mit Lernproblemen. Sie können sich mit anderen darüber austauschen und auf diese Weise neue **Erkenntnisse über ihren eigenen Lernprozess** gewinnen. Das kann ihnen dabei helfen, leichter und besser zu lernen.

Reflektieren

	Kompetenzen	Stufe A	Stufe B	Stufe C
Reflektieren	Feedback geben	Ich kann Feedback geben, wenn ich zum Arbeitsprozess / zum Ergebnis befragt werde, z.B. mit den *Ampelkärtchen* oder dem *Stimmungsbarometer.*	Ich kann unterschiedliche Feedbackmethoden einsetzen, um einen Prozess / ein Ergebnis zu reflektieren, und mich mit anderen darüber austauschen, z.B. mit *Schatzkästlein und Mülleimer.*	Ich kann mithilfe von *Reflexionsbogen* Feedback zu einem Prozess / einem Ergebnis geben. Ich kann durch den Austausch mit anderen neue Erkenntnisse über meine Fähigkeit, etwas richtig einzuschätzen, gewinnen.
	Lernprozess reflektieren	Ich kann in einem Gespräch mit meinem Lernbegleiter beschreiben, was ich gelernt habe, was ich gut kann und wo ich Probleme habe.	Ich kann in meinem *Lerntagebuch* beschreiben, was ich gelernt habe und wie es mir dabei ergangen ist. Ich kann mich mit anderen darüber austauschen.	Ich kann in meinem *Lerntagebuch* beschreiben, wie ich am besten lerne und wie ich mit Problemen umgehe. Durch den Austausch mit anderen kann ich neue Erkenntnisse über mein Lernen und meine Fähigkeiten gewinnen.

Dieses Kapitel umfasst:

- Feedback-Methoden
  - Ampelkärtchen
  - Stimmungsbarometer
  - Gefühlskärtchen
  - Schatzkästlein und Mülleimer
  - Strahl
  - Eva
- Reflexionsbogen
  - Präsentationskompetenz
  - Zwischenbericht zur Gruppenarbeit
  - Verhalten bei der Gruppenarbeit
- Lerntagebuch: Mein Tagesplan

Feedback-Methoden

Ampelkärtchen

Mit den Ampelkärtchen können die Lernenden zu verschiedenen Fragestellungen ein kurzes und schnelles Feedback geben.

Einsatzmöglichkeiten:

- den Lernprozess reflektieren
- Rückmeldung zum Arbeitsergebnis, zur Arbeitsatmosphäre, zur Interessenlage, zum Gruppenprozess geben

Sozialformen:

- individuelle Rückmeldung der Lernenden, auch in der Gruppe oder im Plenum

Beschreibung:

Den Lernenden stehen Kärtchen in den drei Ampelfarben zur Verfügung. Die Farbe Grün signalisiert Zustimmung, Gelb steht für Enthaltung, Rot für Ablehnung.
Wenn eine Rückmeldung zu einem Thema gewünscht wird, können die Lernenden durch Heben des entsprechenden Kärtchens ihre Meinung kundtun.

Anmerkungen:

Die Ampelkärtchen sind vom Lernbegleiter einfach herzustellen. Für 28 Kärtchen benötigt er je zwei DIN-A4-Blätter in Rot, Gelb und Grün, die er laminiert und in ca. 10 x 4 cm große Streifen schneidet. Jeweils drei Kärtchen, je eins in jeder Ampelfarbe, werden gelocht und mit einer Musterklammer verbunden. So können die Lernenden in ihrem Mäppchen die Ampelkärtchen immer griffbereit haben.

Der Lernbegleiter kann die Kärtchen mit Smileys versehen. Damit die Kärtchen eine individuellere Note bekommen, können die Lernenden die Smileys mit einem wasserfesten Filzstift auch selbst aufmalen.

Die Kärtchen können spontan eingesetzt werden. Sie geben eine klare Rückmeldung von allen Lernenden und wirken nicht so störend wie verbale Äußerungen, die oft nur die Meinung Einzelner wiedergeben.

Materialien:

- ❑ für jeden Lernenden ein Satz Ampelkärtchen

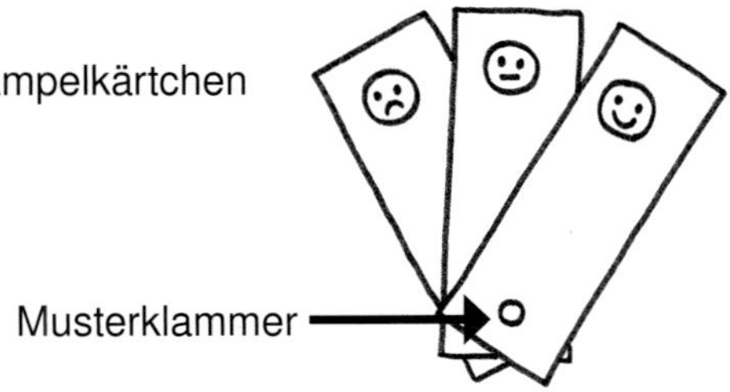

Stimmungsbarometer

Mit dem Stimmungsbarometer können die Lernenden zu verschiedenen Fragestellungen ein kurzes Feedback geben.

Einsatzmöglichkeiten:

- den Lernprozess reflektieren
- Rückmeldung zum Arbeitsergebnis, zur Arbeitsatmosphäre, zur Interessenlage, zum Gruppenprozess geben

Sozialformen:

- individuelle Rückmeldung, kann im Plenum zur Diskussion gestellt werden

Reflektieren

Beschreibung:

Das Stimmungsbarometer kann unterschiedlich eingesetzt werden, nämlich als Bogen für jeden Lernenden, der mit dem Namen versehen werden kann, oder als anonyme Befragung im Großformat, deren Ergebnis hinterher für alle sichtbar ist und diskutiert werden kann.

- Jeder Lernende bekommt ein DIN-A4-Blatt mit einem Raster (siehe Beispiel unten), das entweder vom Lernbegleiter vorgegeben oder mit den Lernenden entwickelt wird. Jeder trägt sein Feedback zu den verschiedenen Fragen ein. Das Ergebnis kann ohne Namensnennungen im Plenum auf Folie vorgestellt und diskutiert werden.
- Zwei oder drei Stimmungsbarometer werden auf Flipchartbogen aufgezeichnet und an eine Pinnwand geheftet oder an die Tafel gemalt und so verdeckt, dass die Lernenden beim Eintragen nicht von den anderen beobachtet werden können.
  - Der Lernbegleiter kann – wie auf dem Rasterbogen – an jedem Barometer einen anderen Aspekt abfragen, zu dem er eine Rückmeldung haben möchte. Bei der Auswahl der Aspekte kann er die Lernenden einbeziehen. Sie geben ihr Feedback, indem sie ein Kreuz oder einen Klebepunkt an die Stelle setzen, die ihrem momentanen Stand entspricht.
  - Das Stimmungsthermometer wird vom Lernbegleiter eingesetzt, um die Befindlichkeit der Lernenden zu Beginn eines Vorhabens und zum Abschluss abzufragen. Damit die Abfrage anonym bleibt, kann jeder sich ein Zeichen oder Symbol überlegen, das nur er kennt. Da das Symbol am Ende des Vorhabens wieder eingetragen wird, kann der Lernbegleiter erkennen, ob sich die Befindlichkeit verbessert oder verschlechtert hat.

Materialien:

- ❑ großer Papierbogen, Marker mit breiter Spitze oder Klebepunkte, alternativ Tafel und Kreide
- ❑ oder: Stimmungsbarometer im DIN-A4-Format für jeden Teilnehmer

Beispiel: Stimmungsbarometer in Klasse 6: Übernachten im Klassenzimmer[50]

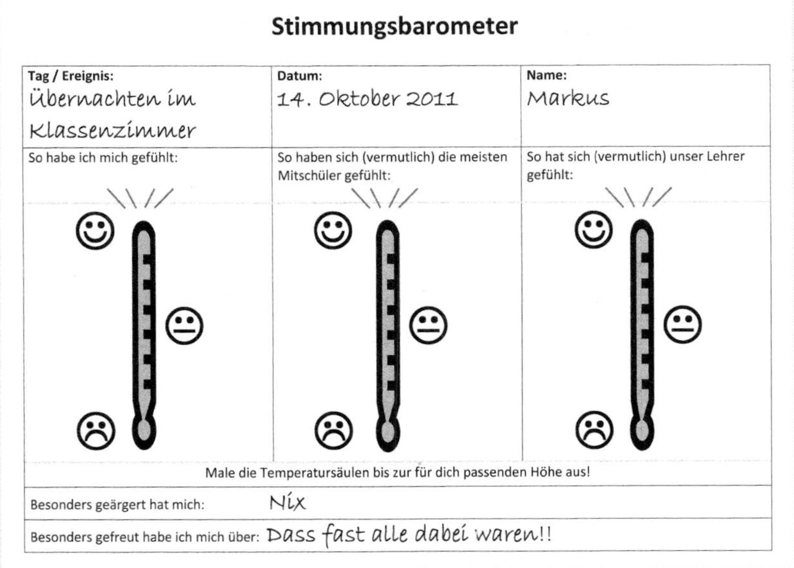

Stimmungsbarometer

Tag / Ereignis:	Datum:	Name:
Übernachten im Klassenzimmer	14. Oktober 2011	Markus
So habe ich mich gefühlt:	So haben sich (vermutlich) die meisten Mitschüler gefühlt:	So hat sich (vermutlich) unser Lehrer gefühlt:

Male die Temperatursäulen bis zur für dich passenden Höhe aus!

Besonders geärgert hat mich:	Nix
Besonders gefreut habe ich mich über:	Dass fast alle dabei waren!!

Beispiel: Abfrage der Befindlichkeit an einem Schultag am Morgen und am Nachmittag

50 Anregung aus: Das Konstanzer Trainingsmodell (KTM), 2. Auflage 1990, Anlage 11.4

Gefühlskärtchen

Die Gefühlskärtchen ermöglichen den Lernenden ein einfaches Feedback, weil sie sich aus einer Auswahl von vorgefertigten Kärtchen ein Beispiel aussuchen können und sich nicht selbst die Begriffe ausdenken müssen.[51]

Einsatzmöglichkeiten:

- Rückmeldung geben zur allgemeinen Befindlichkeit, zum Arbeitsprozess, zu den Arbeitsergebnissen

Sozialformen:

- individuelle Rückmeldung der Lernenden im Plenum

Beschreibung:

Die Lernenden bilden einen Sitzkreis mit einer freien Bodenfläche in der Mitte. In der Mitte des Kreises liegen die Kärtchen verteilt auf dem Boden. Sie enthalten Adjektive, die eine Gefühlslage ausdrücken und mit einem passenden Symbol oder Bild versehen sind.
Jeder hat nun die Aufgabe, sich die Kärtchen in Ruhe anzusehen und sich eine zu seiner Gefühlslage passende Karte auszusuchen. In dieser Phase sollte nicht miteinander gesprochen werden. Wer sich für eine Karte entschieden hat, nimmt diese mit an seinen Platz.
Wer keine passende Karte findet, kann sich selbst ein Adjektiv überlegen. Wenn jemand eine Karte haben möchte, die schon ein anderer genommen hat, bespricht er das kurz mit dieser Person, setzt sich daneben oder lässt sich die Karte geben, wenn er an der Reihe ist.
Wenn sich alle entschieden haben, macht einer aus der Gruppe den Anfang, indem er sein Kärtchen zeigt, das Adjektiv nennt und kurz erläutert, weshalb diese Karte zu seiner Stimmungslage passt. Diese Äußerungen sollten in der Regel nicht kommentiert werden.

Anmerkungen:

Die Kärtchen erleichtern den Lernenden, ihre Gefühle auszudrücken. Viel Anklang findet die schöne Gestaltung der Kärtchen mit den Screen-Bean-Männchen.

51 Anregung durch Gilsdorf/Kistner: Kooperative Abenteuerspiele 2, S. 170

Wie viel ein Lernender zu seinen Gefühlen sagen möchte, bleibt ihm selbst überlassen. Bei großen Gruppen kann der Lernbegleiter vorgeben, dass die Lernenden nur ein oder zwei Sätze zur Karte ergänzen sollten.
Die Kärtchen können vom Lernbegleiter oder auch von einer Gruppe von Lernenden am Computer ohne großen Aufwand hergestellt werden. Sie bleiben ansehnlicher, wenn sie laminiert werden.

Materialien:

- ❑ Gefühlskärtchen in ausreichender Anzahl, also deutlich mehr Karten als Lernende

Beispielkärtchen:

Schatzkästlein und Mülleimer

Mit dieser Methode können die Lernenden anonym ein positives und/oder negatives Feedback geben, je nachdem, wie sie eine Situation etc. empfunden haben.[52]

Einsatzmöglichkeiten:

- Rückmeldung geben zum Gruppenprozess, zu den Ergebnissen, zu der Arbeitsatmosphäre

Sozialformen:

- individuelle Rückmeldung in der Gruppe oder im Plenum

Beschreibung:

Den Lernenden stehen zwei Feedback-Möglichkeiten zur Verfügung: Alles, was ihnen gut gefallen und ihnen Freude gemacht hat, kommt in das Schatzkästlein, alles, was sie gestört oder geärgert hat, kommt in den Mülleimer. Der Lernbegleiter sollte die Anzahl der Äußerungen möglichst nicht einschränken.
Es müssen Kärtchen in ausreichender Menge vorhanden sein, auf die die Lernenden ihr Feedback notieren können. Auf jedes Kärtchen notieren die Lernenden nur eine Äußerung.
Wenn alle Kärtchen geschrieben sind, können die Inhalte beider Behältnisse vorgelesen und auf den Boden gelegt oder an die Pinnwand geheftet und später sortiert werden. Sie können die Grundlage für eine vertiefende Aussprache werden, aus der die Lernenden und der Lernbegleiter Erkenntnisse für die weitere Arbeit gewinnen können.

Anmerkungen:

Der Lernbegleiter kann die Zahl der Kärtchen pro Person festlegen, um die Rückmeldungen übersichtlicher zu gestalten. Jeder Lernende sollte allerdings mindestens 3 Karten zur Verfügung haben, um seine Befindlichkeit zu äußern. Wichtig ist die individuelle Rückmeldung jedes Einzelnen.

52 Anregung durch Gilsdorf/Kistner: Kooperative Abenteuerspiele 1, S. 167

Statt in die Behältnisse können die Kärtchen auch auf einen Stapel gelegt und von einer kleinen Gruppe von Lernenden an die Pinnwand geheftet werden. Dabei können sie auch gleich geordnet werden.
Eine empfehlenswerte Variante für kleinere Gruppen, maximal 20 Teilnehmer, allerdings nur für positive Rückmeldungen: Es werden keine Kärtchen geschrieben, sondern die Gruppe bildet einen Kreis, in dessen Mitte sich das Schatzkästlein befindet. Nacheinander geht jeder mit seinem Schatz, den er symbolisch in den Händen hält, in die Mitte. Er sagt laut, was er als positiv empfunden hat und legt seinen Schatz in das Kästlein.

Materialien:

- ❑ für jeden Lernenden ein Marker mit breiter Spitze
- ❑ Kärtchen in ausreichender Anzahl (zumindest 3 pro Person)

Beispiel: Ergebnis der Feedbackrunde einer 8. Klasse nach einem Teamtraining

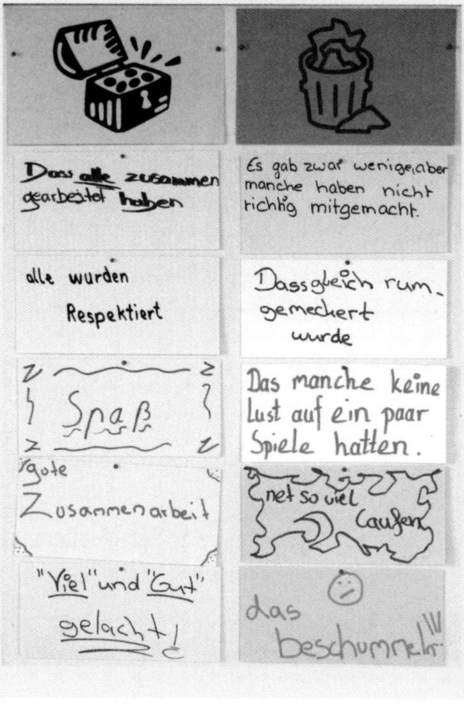

Strahl

Der Strahl ist gut geeignet, Rückmeldungen der Lernenden für alle überschaubar zu visualisieren.

Einsatzmöglichkeiten:

- eine Klassenfahrt, einen Museumsbesuch, ein Projekt reflektieren
- eine Klassenfahrt vorbereiten und die unterschiedlichen Interessen einbeziehen
- eine Gruppenarbeitsphase auswerten
- Vorwissen zu einem neuen Thema aktivieren

Sozialformen:

- individuelle Rückmeldung, möglich im Rahmen einer Gruppenarbeit oder im Plenum, eventuell mit Diskussion

Beschreibung:

Die Lernenden überlegen sich, nach welchen Kriterien sie beispielsweise eine Veranstaltung bewerten wollen. Auf einen großen Papierbogen werden Strahlen in der entsprechenden Zahl eingezeichnet und die Kriterien vom Zentrum ausgehend an den äußeren Enden eingetragen.
Mit Klebepunkten oder Markierungen mit einem breiten Marker werden die Teilbereiche bewertet. Je weiter die Markierung ans Ende des Strahls gesetzt wird, desto positiver ist die Bewertung.
Um die Bewertung anonymer zu gestalten, kann der Strahl als Folie aufgelegt werden. Die Lernenden tragen der Reihe nach ihre Markierungen auf der Folie ein. Der Projektor wird erst angeschaltet, wenn alle ihre Kreuzchen verteilt haben.

Anmerkungen:

Der Strahl ermöglicht eine differenziertere Rückmeldung als die einfachen Feedbackmethoden.
Es können unterschiedliche Farben verwendet werden, z.B. die Farbe Blau für die Wertung der Jungen, Rot für die der Mädchen. Je nach Thema kann die Bewertung unterschiedlich ausfallen, was zu einer interessanten Diskussion führen kann.

Nach einer Gruppenarbeitsphase können die einzelnen Gruppen ihre eigene Farbe bekommen. Weil jeder individuell bewertet, kann man die Streuung in der jeweiligen Gruppe erkennen. Wenn einzelne Bewertungen stark voneinander abweichen, können die Gründe dafür in der Gruppe reflektiert werden. Der Strahl ermöglicht allen einen Überblick über die Einschätzung der anderen Lernenden und verhilft zu vertiefenden Gesprächen über gleiche oder auch unterschiedliche Einschätzungen.
Anhand des Strahls können die Lernenden bei Elternabenden u. ä. ihren Eltern von der Veranstaltung berichten. Die Visualisierung ist eindrucksvoll und kann zu interessanten Diskussionen führen.
Beim Einsatz des Strahls für eine ganze Klasse ist es sinnvoll, den Strahl zweimal aufzuzeichnen, damit das Eintragen schneller geht.
Möglicher Nachteil: Einige Lernenden orientieren sich an denen, die zuerst ihre Markierung eingetragen haben, auch wenn man den Strahl verdeckt platziert.
Eine bekannte Variante des Strahls ist die Zielscheibe, bei der die Wertung umgekehrt eingetragen wird. Je positiver die Wertung, desto näher am Mittelpunkt wird die Markierung eingetragen.

Materialien:

- ❑ großer Papierbogen und Marker mit breiter Spitze oder Klebepunkte oder Tafel und Kreide
- ❑ oder: OHP-Folie und Folienstifte

Beispiel: Auswertung eines zweitägigen Seminars von Lernenden der Klasse 9: Die Kriterien wurden von den Lernenden erarbeitet.

Wichtig: je weiter außen der Punkt, desto besser die Wertung

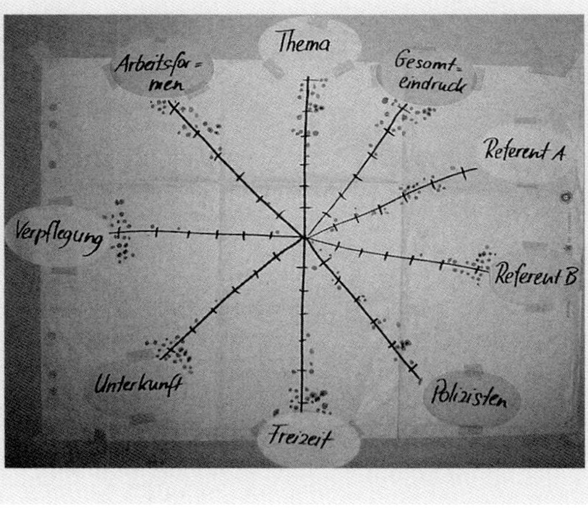

Eva

Mit der Reflexionsmethode „Eva“ kann eine gemeinsame Veranstaltung, eine Klassenfahrt, eine Projektarbeit oder eine andere umfangreiche Arbeit ausgewertet werden.

Weitere Einsatzmöglichkeiten:

- Vorstellungsrunde zu Beginn des Schuljahres
- Zwischenbilanz

Sozialformen:

- individuelles oder kooperatives Arbeiten, eventuell Vorstellung im Plenum

Beschreibung:

Jeder Lernende bekommt einen vorbereiteten DIN-A4-Bogen ausgegeben, auf dem die Umrisse einer Person dargestellt sind und den verschiedenen Körperpartien Impulse zugeordnet sind, zu denen Stellung bezogen werden kann. Diese Impulse können verändert, erweitert oder reduziert werden. Alternativ kann diese Aufgabe auch kooperativ bearbeitet werden. Dazu wird ein vorbereiteter Flipchart- oder Packpapierbogen ausgelegt, auf dem die Gruppenmitglieder die Umrisse einer Person einzeichnen.
Sie besprechen ihre Gedanken zu den verschiedenen Impulsen und stimmen sich ab, was sie für wichtig erachten. Sie schreiben ihre Ergebnisse auf Moderationskärtchen und ordnen sie den Körperpartien zu. Anschließend wird das Ergebnis gemeinsam betrachtet, eventuell noch ergänzt, vielleicht in einem Gespräch vertieft und im Plenum vorgestellt.

Materialien:

- ❑ Auswertungsbogen in der Zahl der Lernenden
- ❑ oder: Flipchart- oder Packpapierbogen in der Anzahl der Gruppen
- ❑ Moderationskärtchen
- ❑ Marker mit breiter Spitze

Reflexionsbogen

Präsentationskompetenz

Die Reflexion der individuellen und kooperativen Präsentationskompetenz kann bei den Lernenden zu einem Zuwachs im Bereich dieser wichtigen Schlüsselqualifikation führen.

Sozialform:

- individuelle Reflexion mit anschließendem Austausch der Einschätzung in der Gruppe

Beschreibung:

Nach einer Zwischenpräsentation der Ergebnisse vor einer bestimmten Zielgruppe können sich die Gruppenmitglieder Gedanken machen, wie sie ihre bisherige Leistung einschätzen.
Zuerst füllt jeder Lernende für sich allein den Reflexionsbogen aus. Anschließend vergleichen die Gruppenmitglieder ihre Einschätzungen und besprechen die Ergebnisse. Bei unterschiedlichen Einschätzungen versuchen sie, Gründe dafür zu finden.
Die Ergebnisse der Reflexion sind die Grundlage für ihre weitere Arbeit. Die Lernenden können sie schriftlich festhalten, um sie in der folgenden Phase besonders zu beachten.

Anmerkungen:

Bei einer Präsentation können die Lernenden wichtige Schlüsselqualifikationen einüben. Wenn sie die eigene Leistung und die der Gruppenmitglieder kritisch reflektieren, wird ihnen klar, was sie bei der nächsten Präsentation beachten müssen.

Dabei kann es unter den Lernenden durchaus zu Meinungsverschiedenheiten kommen, die sie nach Möglichkeit selbst bereinigen sollten.
Nach dem Austausch in der Gruppe setzen sie sich weitere Ziele, um ihre Fähigkeiten weiter zu verbessern.

Materialien:

- ❑ Reflexionsbogen in der Anzahl der Lernenden

Beispiel:

Reflexionsbogen:
Präsentationskompetenz

Dein Name:	
Du hast gestern mit deiner Gruppe eure Arbeitsergebnisse beim Elternabend präsentiert.	
Wie zufrieden warst du mit deiner eigenen Leistung? Begründe deine Meinung.	Wie zufrieden warst du mit der Leistung deiner Gruppe? Begründe deine Meinung.
Was ist dir besonders gut gelungen?	Was ist euch als Gruppe besonders gut gelungen?
Was könntest du verbessern?	Was könntet ihr als Gruppe verbessern?
Was möchtest du für die nächste Präsentation trainieren?	

Zwischenbericht zur Gruppenarbeit

Die Reflexion der Planungskompetenz kann bei den Lernenden zu einem Zuwachs im Bereich dieser wichtigen Schlüsselqualifikation führen.

Sozialformen:

- individuelle Reflexion mit anschließendem Austausch der Einschätzung in der Gruppe

Beschreibung:

Nachdem die Lernenden bereits eine bestimmte Zeit an ihrem Vorhaben gearbeitet haben, können sie eine Zwischenbilanz ziehen. Sie halten fest, woran sie gerade arbeiten, was sie bereits erledigt haben und wie sie sich die Präsentation ihrer Arbeitsergebnisse vorstellen.
Zuerst füllt jeder Lernende für sich allein den Bogen aus. Anschließend werden die Ergebnisse in der Gruppe besprochen. Durch diese Reflexion gewinnen die Lernenden Klarheit darüber, ob sie bereits erfolgreich gearbeitet haben, sich ihre Planung also im vorgesehenen Rahmen befindet, oder ob sie „nachsteuern“ müssen.

Anmerkungen:

Die Zwischenbilanz führt dazu, dass die Lernenden zielgerichteter arbeiten, damit sie ihre Ziele in der vorgesehenen Zeit erreichen können.

Materialien:

- ☐ Reflexionsbogen in der Anzahl der Lernenden

Beispiel:

Reflexionsbogen: Zwischenbericht zur Gruppenarbeit

Wir sind bei folgenden Beiträgen an der Arbeit:
1.
2.
3.
4.

Folgende Schritte haben wir erledigt:
1.
2.
3.
4.

Für die Dokumentation unserer Gruppe sind erstellt:

Für die Präsentation haben wir vor:

Verhalten bei der Gruppenarbeit

Die Reflexion des eigenen Verhaltens in kooperativen Phasen kann bei den Lernenden zu einem Zuwachs im Bereich der Sozialkompetenz führen, ihnen also eine Stärkung dieser wichtigen Schlüsselqualifikation ermöglichen.

Sozialformen:

- individuelle Reflexion mit anschließendem Austausch der Einschätzung in der Gruppe

Beschreibung:

Nach einer Phase des kooperativen Arbeitens können die Lernenden eine Reflexionsphase einlegen, in der sie sich über die Qualität ihrer Zusammenarbeit in der Gruppe Gedanken machen.
Zuerst füllt jeder Lernende für sich allein den Reflexionsbogen aus. Anschließend vergleichen die Gruppenmitglieder ihre Einschätzungen und besprechen die Ergebnisse. Bei unterschiedlichen Einschätzungen versuchen sie, Gründe dafür zu finden.
Die Ergebnisse der Reflexion sind eine Grundlage für die weitere Zusammenarbeit. Die Gruppen können sie schriftlich festhalten, um sie in der folgenden Phase besonders zu beachten.

Anmerkungen:

Im Rahmen der Gruppenarbeit trainieren die Lernenden Schlüsselqualifikationen. Die Reflexion und damit die Sensibilisierung für das eigene Verhalten ermöglichen ihnen einen Zuwachs an sozialer Kompetenz, was durch die Rückmeldung der Gruppenmitglieder unterstützt wird.
Es ist für die Lernenden nicht einfach, sich selbst richtig einzuschätzen und sich mit anderen offen darüber auszutauschen. Es kann dabei durchaus zu Konflikten kommen, die die Lernenden in der Gruppe besprechen und nach Möglichkeit selbst bereinigen sollten.

Materialien:

- ❑ Reflexionsbogen in der Anzahl der Lernenden

Beispiel:

Reflexionsbogen:
Verhalten bei der Gruppenarbeit

Aufgabe:
Bewerte dein Verhalten bei der Gruppenarbeit mit 0 bis 4 Punkten. Dabei stehen 4 Punkte für eine sehr gute, 0 Punkte für eine schlechte Leistung. Anschließend sprichst du mit deiner Gruppe darüber, wie du dich selbst siehst und wie die anderen dich sehen. Sucht Gründe für eine unterschiedliche Einschätzung.

Ich ...	**0**	**1**	**2**	**3**	**4**
... kann gut auf andere eingehen.					
... spreche Missstände offen an.					
... bringe die Arbeit voran.					
... ermutige und unterstütze andere.					

Eine Eigenschaft von mir, die die Zusammenarbeit erleichtert:

Eine Eigenschaft von mir, die möglicherweise die Zusammenarbeit erschwert:

Auf folgende Weise kann ich versuchen, dagegen anzugehen:

Lerntagebuch: Mein Tagesplan

Einsatzmöglichkeiten:
- den eigenen Lernprozess reflektieren
- den Lernfortschritt dokumentieren

Sozialformen:
- individuelles Arbeiten, Gespräche mit dem Lernbegleiter

Beschreibung:
Die Lernenden machen sich regelmäßig in einem Heft, das sie sich entweder selbst beschaffen oder das von der Schule vorgegeben ist, Notizen über ihren individuellen Lernprozess. Das kann mit einfachen Vorformen beginnen, indem die Lernenden am Ende einer Stunde fünf Minuten Zeit bekommen, um sich Notizen zur Stunde zu machen.
Eine weitere Möglichkeit sind Tagesberichte, in denen die Lernenden noch recht frei in der Form beschreiben, was sie an diesem Tag Neues gelernt haben, welche Erfolge sie dabei hatten und wo es Probleme gab. Dafür sollten sie zehn Minuten Zeit bekommen.
Eine anspruchsvollere Form sind Lerntagebücher, bei denen Leitfragen vorgegeben sind, zu denen die Lernenden Stellung nehmen. Das können zum Beispiel folgende Fragen sein:
- Woran habe ich gearbeitet?
- Was habe ich Neues gelernt?
- Wie habe ich gearbeitet?
- Wo war ich besonders erfolgreich?
- Wo habe ich Probleme gehabt?
- Wie bin ich damit umgegangen?
- Woran möchte ich weiter arbeiten?

Die Lerntagebücher werden vom Lernbegleiter regelmäßig kontrolliert und dienen als Grundlage für Lern-/Fördergespräche.

Anmerkungen:
Besonders geeignet für das Führen eines Lerntagebuchs sind Phasen, in denen die Lernenden weitgehend selbstständig arbeiten.

Im Vorfeld ist mit den Lernenden genau festzuhalten, warum sie ein Lerntagebuch führen, was sie eintragen und wie sie es gestalten können. Lerntagebücher dienen der Selbstreflexion und sind nicht als Bewertungsinstrumente vorgesehen. Sie dokumentieren die individuelle Lerngeschichte und ermöglichen dem Lernbegleiter einen Einblick in die individuellen Lernprozesse und Lernwege der Lernenden.

Materialien:

❑ dickere Hefte im DIN-A4-Format für jeden Lernenden

Beispiel: Gemeinschaftsschule Neuenstein: Lernerfolgsbuch „Meine Erfolgsplanung“ mit Planungsrastern für die Wochenplanung, mit „Erfolgsseite“ und Vereinbarungen mit dem Lerncoach[53]

53 Aus der Broschüre „GMS Neuenstein“

Literatur

BAUER, JOACHIM: Lob der Schule. Sieben Perspektiven für Schüler, Lehrer und Eltern. 2. Auflage. Hamburg: Hoffmann und Campe 2007.

BÄUERLE, WOLFRAM / BARMEIER, MARION / CIPRINA, HEINZ JOACHIM u.a.: Strategie. Das Methodenheft für Naturwissenschaften. Sek I. Stuttgart: Klett Verlag 2004.

BÄUERLE, WOLFRAM / BARMEIER, MARION / BOLDT, JOACHIM u.a.: Strategie. Methodenheft für Naturwissenschaften. Nr. 2. Stuttgart: Klett Verlag 2007.

BECK, HERBERT: Neurodidaktik oder Wie lernen wir? In: Erziehungswissenschaft und Beruf. Heft 3/2003. S. 323–330.

BIERMANN, CHRISTINE / FINK, MICHAEL / HÄNZE, MARTIN u.a. (Hrsg.): Individuell lernen – kooperativ arbeiten. Friedrich Jahresheft XXVI 2008.

BRÜNING, LUDGER / SAUM, TOBIAS: Kooperatives Lernen. Methoden für den Unterricht. Beiheft zum Friedrich Jahresheft XXVI 2008.

BRÜNING, LUDGER / SAUM, TOBIAS: Individuelle Förderung durch Kooperatives Lernen. In: Kunze, Ingrid / Sohlbacher, Claudia (Hrsg.): Individuelle Förderung in der Sekundarstufe I und II. 2. Auflage. Hohengehren: Schneider Verlag 2008.

BRÜSER-SOMMER, EHLERT: Hirnfreundlich Lernen. Erkenntnisse der Neurowissenschaften für Lehr-Lernprozesse nutzen. In: Bildung bewegt 2 (2009). S. 4–9.

CASPARY, RALF (Hrsg.): Lernen und Gehirn. 5. Auflage. Freiburg: Herder Verlag 2008.

ESCHELMÜLLER, MICHELE: Lerncoaching. Vom Wissensvermittler zum Lernbegleiter. Grundlagen und Praxishilfen. Mülheim an der Ruhr: Verlag an der Ruhr 2008.

FIEDERLE, XAVER: Methoden Feature. Freiburg: Eigenverlag 1998.

FINNEY, SUSAN: Zusammen kann ich das. Effektive Teamarbeit lernen. Mülheim an der Ruhr: Verlag an der Ruhr 2000.

GILSDORF, RÜDIGER / KISTNER,GÜNTER: Kooperative Abenteuerspiele 1. 9. Auflage. Seelze-Velber: Kallmeyer Verlagsbuchhandlung GmbH 2001.

GILSDORF, RÜDIGER / KISTNER,GÜNTER: Kooperative Abenteuerspiele 2. 2. Auflage. Seelze-Velber: Kallmeyer Verlagsbuchhandlung GmbH 2002.

GREEN, NORM / GREEN, KATHY: Kooperatives Lernen im Klassenraum und Kollegium. Das Trainingsbuch. 2. Auflage. Seelze-Velber: Kallmeyer Verlagsbuchhandlung GmbH 2006.

GRINDER, MICHAEL: NLP für Lehrer. Ein praxisorientiertes Arbeitsbuch. Freiburg: Verlag für Angewandte Kinesiologie 1991.

HEPTING, ROLAND: Zeitgemäße Methodenkompetenz im Unterricht. Eine praxisnahe Einführung in neue Formen des Lehrens und Lernens, mit Unterrichtsvideos auf CD-ROM. Bad Heilbrunn: Klinkhardt Verlag 2004.

HERRMANN, ULRICH (Hrsg.): Neurodidaktik. Grundlagen und Vorschläge für gehirngerechtes Lehren und Lernen. Weinheim und Basel: Beltz Verlag 2006.

HÜTHER, GERALD: Wie funktioniert das Lernen im Kopf? Erkenntnisse der Neurobiologie über Lernprozesse. In: Pädagogik 62 (4/2010). S. 40–44.

JOHNSON, DAVID W. / JOHNSON, RODGER T. / JOHNSON HOLUBEC, EDYTHE: Circles of learning: Cooperation in the classroom. Minnesota 2002.

JOHNSON, DAVID W. / JOHNSON, RODGER T. / JOHNSON HOLUBEC, EDYTHE: Kooperatives Lernen, kooperative Schule. Tipps – Praxishilfen – Konzepte. Mülheim an der Ruhr: Verlag an der Ruhr 2005.

KLEIN, KERSTIN: KlassenlehrerIn sein. Das Handbuch: Tipps, Strategien, Praxishilfen. Mülheim an der Ruhr: Verlag an der Ruhr 2006.

KLEIN, KERSTIN: Lernen mit Projekten. In der Gruppe planen, durchführen, präsentieren. Mit CD-ROM. Mülheim an der Ruhr: Verlag an der Ruhr 2008.

KLIEMANN, SABINE (Hrsg.): Praxisbuch: Diagnostizieren und Fördern in der Sekundarstufe I. Berlin: Cornelsen Scriptor 2008.

KLIPPERT, HEINZ: Heterogenität im Klassenzimmer. Wie Lehrkräfte effektiv und zeitsparend damit umgehen können. Weinheim und Basel: Beltz Verlag 2010.

KLIPPERT, HEINZ: Methodentraining. Übungsbausteine für den Unterricht. 6. Auflage. Weinheim und Basel: Beltz Verlag 1997.

KLIPPERT, HEINZ: Teamentwicklung im Klassenraum. Übungsbausteine für den Unterricht. Weinheim und Basel: Beltz Verlag 1998.

KRESS, KARIN / RATTAY, CATHRIN / SCHLECHTER, DIRK u.a.: Individuell fördern. Das Praxisbuch. Profitipps und Materialien aus der Lehrerfortbildung. Donauwörth: Auer Verlag 2010.

KUNZE, INGRID / SOHLBACHER, CLAUDIA (Hrsg.): Individuelle Förderung in der Sekundarstufe I und II. 2. Auflage. Hohengehren: Schneider Verlag 2008, S. 83–91.

LANDESINSTITUT FÜR SCHULENTWICKLUNG (Hrsg.): Mit Kompetenzrastern dem Lernen auf der Spur. Stuttgart: 2012.

LANIG, JONAS: Bessere Chancen für alle durch individuelle Förderung. Die besten Methoden. Mülheim an der Ruhr: Verlag an der Ruhr 2008.

MATTES, WOLFGANG: Methoden für den Unterricht. Paderborn: Schöningh Verlag 2002.

MÜLLER, ANDREAS: Eigentlich wäre Lernen geil. Wie Schule (auch) sein kann. Bern: hep verlag 2006.

MÜLLER, ANDREAS / NOIRJEAN, ROLAND: Lernerfolg ist lernbar. 22 x 33 handfeste Möglichkeiten, Freude am Verstehen zu kriegen. 2. Auflage. Bern: hep verlag 2009.

PARADIES, LIANE / LINSER, HANS JÜRGEN: Differenzieren im Unterricht. Erfolgreich Kompetenzen vermitteln. 5., überarb. Auflage. Berlin: Cornelsen Scriptor 2010.

PARADIES, LIANE / WESTER, FRANZ / GREWIG, JOHANNES u.a.: Individualisieren im Unterricht. Erfolgreich Kompetenzen vermitteln. Berlin: Cornelsen Scriptor 2010.

PETERSEN, SUSANNE: Rituale für kooperatives Lernen in der Sekundarstufe I. Berlin: Cornelsen Scriptor 2001.

PHILIPP, ELMAR: Teamentwicklung in der Schule. Konzepte und Methoden. 2. Auflage. Weinheim und Basel: Beltz Verlag 1998.

REALSCHULE ENGER: Lernkompetenz I, Bausteine für eigenständiges Lernen (mit CD-Rom). Berlin: Cornelsen Scriptor 2001.

REALSCHULE ENGER: Lernkompetenz II, Bausteine für eigenständiges Lernen (mit CD-Rom). Berlin: Cornelsen Scriptor 2001.

REALSCHULE ENGER: Lernkompetenz III, Bausteine für kooperatives und kommunikatives Lernen (mit CD-Rom). Berlin: Cornelsen Scriptor 2005.

REICH, KERSTEN: Konstruktivistische Didaktik. Lehren und Lernen aus konstruktivistischer Sicht. 2., überarb. Auflage. München: Luchterhand Verlag 2004.

SCHILDT, THORSTEN / KÜRSTEINER, PETER: 100 Tipps & Tricks für Overhead- und Beamerpräsentationen. Weinheim und Basel: Beltz Verlag 2003

SEIFERT, JOSEF W.: Visualisieren – Präsentieren – Moderieren. 10. Auflage. Offenbach: Gabal Verlag GmbH 1997.

VOSS, REINHARD (Hrsg.): LernLust und EigenSinn. Systemisch-konstruktivistische Lernwelten. Heidelberg: Carl-Auer Verlag 2005.

WEIDENMANN, BERND: 100 Tipps & Tricks für Pinnwand und Flipchart. 3. Auflage. Weinheim und Basel: Beltz Verlag, 2003

WIEDENHORN, THOMAS: Das Portfolio-Konzept in der Sekundarstufe. individualisiertes Lernen organisieren. Mülheim an der Ruhr: Verlag an der Ruhr 2006.

DVD-Empfehlungen

Reinhard Kahl und Archiv der Zukunft:
- Spitze – Schulen am Wendekreis der Pädagogik
- Treibhäuser der Zukunft. Wie Schulen in Deutschland gelingen.
- Individualisierung – das Geheimnis guter Schulen

Institut Beatenberg:
- „fit for life“
- „Erfolg macht Schule“

Bertelsmann Stiftung: DVD vergriffen, Download über www.bertelsmann-stiftung.de oder bei Youtube s. u.
- „Und es geht doch ... Lehren und Lernen für die Zukunft“

Link-Tipps

www.bpb.de/lernen/unterrichten/planspiele/

www.blickueberdenzaun.de: ein Schulverbund von ca. 120 an der Reformpädagogik orientierten Schulen

www.guterunterricht.de: umfassendes Handwerkszeug für guten Unterricht, u.a. Unterrichtsvideos

www.institut-beatenberg.ch: Kompetenzraster für alle Fächer, Informationen über das Institut Beatenberg und interessante Aufsätze von Andreas Müller als Download

www.kompetenzraster.de: viele und höchst unterschiedliche Beispiele

www.ls-bw.de/Handreichungen/pub_online/NL04_Mit_Kompetenzrastern_dem_Lernen_auf_der_Spur.pdf

www.maxbrauerschule.de: interessante Materialien der „neuen“ Max-Brauer-Schule, z.B. Broschüre, Informationen und Präsentationen

www.portfolio-schule.de: informative Texte zum Thema, Formblätter, beeindruckende Beispiele etc.

igs.bildung.hessen.de/unterricht/lernplan.pdf: Individuelle Lernpläne ..., denn wir haben Stärken. – Wiesbaden 2005

www.youtube.com/watch?v=MBkkFnjb8lA: Max-Brauer-Schule

www.youtube.com/watch?v=hMqJzq8O6jl&feature=related: „Und es geht doch ... Lehren und Lernen für die Zukunft!

Im Internet finden häufig „Umzüge“ und damit verbundene Adressänderungen statt. Sollte ein Verweis nicht mehr funktionieren, versuchen Sie es bitte mit einer Stichwortsuche über Google. Für die Richtigkeit, Vollständigkeit und Aktualität der im Buch genannten Internet-Seiten kann der Verlag keine Gewähr übernehmen.

Bildquellen

S. 7: Windmühle, © denphumi – Fotolia.com
S. 12: Nervenzelle, © Sebastian Kaulitzki – Fotolia.com
S. 17: Smileys, © beaubelle – Fotolia.de
S. 21/39: selbstbewusstes Mädchen, © Picture-Factory – Fotolia.com
S. 26: zusammengefügte Puzzleteile, © Nikolai Sorokin – Fotolia.com
S. 48: 3 Bilder von Wegen, © Kerstin Klein
S. 48: Schiff am Containerterminal, © dedi – Fotolia.com
S. 48: Windkraftanlage, © elxeneize – Fotolia.com
S. 48: Gummienten, © Benshot – Fotolia.com
S. 49: schreibende Hand, © DLeonis – Fotolia.com
S. 51: Kiste, © miket – Fotolia.com
S. 54: Brainwriting, © Christian Schwier
S. 60: Hummel an einer Blüte, © iava777 – Fotolia.com
S. 63: Blätter, © Bernd S. – Fotolia.com
S. 71: Konrad Adenauer, © Bundesarchiv, B 145 Bild-F078072-0004 / Katherine Young / CC-BY-SA
S. 71: Ludwig Erhard, © Bundesarchiv, B 145 Bild-F015320-0010 / Patzek, Renate / CC-BY-SA
S. 71: Kurt Georg Kiesinger, © Bundesarchiv, B 145 Bild-F024017-0001 / Gathmann, Jens / CC-BY-SA
S. 71: Willy Brand, © Bundesarchiv, B 145 Bild-F057884-0009 / Engelbert Reineke / CC-BY-SA
S. 71: Helmut Schmidt, © Jack E. Kightlinger, White House photo
S. 71: Helmut Kohl, © Bundesarchiv, B 145 Bild-F074398-0021 / Engelbert Reineke / CC-BY-SA
S. 71: Gerhard Schröder, © SPD-Schleswig-Holstein; Creative Commons-Lizenz Namensnennung 2.0 US-amerikanisch (nicht portiert)
S. 71: Angela Merkel, © Armin Linnartz; Creative Commons Attribution-Share Alike 3.0 Germany license
S. 85: Leuchtturm, © Kerstin Klein
S. 85: Lok, © Kerstin Klein
S. 86: Hitler-Karikatur, © Office for Emergency Management. War Production Board. (01/1942 - 11/03/1945), gemeinfrei
S. 97: Arbeitsmaterialien für die Lerntheke, © Kerstin Klein
S. 105: Parthenon, © Harrieta171 Creative Commons-Lizenz Namensnennung-Weitergabe unter gleichen Bedingungen 3.0 Unported
S. 105: Eiffelturm, © Benh LIEU SONG Creative Commons-Lizenz Namensnennung-Weitergabe unter gleichen Bedingungen 3.0 Unported
S. 105: Kolosseum, © Ankurgupta208; Creative Commons-Lizenz Namensnennung-Weitergabe unter gleichen Bedingungen 3.0 Unported
S. 115: Würfel, © by-studio – Fotolia.com
S. 117: Schülerinnen mit Quizkarten, © AAP Lehrerfachverlage GmbH

S. 123: Schüler beim Sprechgesang, © AAP Lehrerfachverlage GmbH
S. 125: Schüler bei einer Gruppenrallye, © Monkey Business – Fotolia.com
S. 126: Streitgespräch, © AAP Lehrerfachverlage GmbH
S. 137: Gruppenpräsentation, © AAP Lehrerfachverlage GmbH
S. 139: Dialog-Präsentation, © AAP Lehrerfachverlage GmbH
S. 152: Präsentationstechniken für die Pinnwand, © Siglinde Plapp
S. 178: Umriss einer Frau: © John Takai – Fotolia.com
S. 183: Schüler während einer Gruppenarbeitsphase, © Woodapple – Fotolia.com

Alle anderen Bilder stammen von der Autorin bzw. wurden von der Autorin neu zusammengestellt.

Für vollständigen Lizenztext „GNU Free Documentation License“ siehe:
http://aol-verlag.de/gnu_free_documentation_license
Für vollständige Lizenztexte „Creative Commons-Lizenzvereinbarungen“ siehe:
http://aol-verlag.de/creativecommons